Allitera Verlag

Beiträge zur Geschichtswissenschaft
Herausgegeben von Ernst Piper

Reihe Hamburger postkoloniale Studien Band 8
Herausgegeben von Jürgen Zimmerer

Hier bisher erschienen:

Band 1: Mara Müller, »Freiheit für Nelson Mandela«. Die Solidaritätskampagne in der Bundesrepublik Deutschland

Band 2: Malina Emmerink, »Hamburger Kolonisationspläne 1840–1842«. Karl Sievekings Traum einer »Deutschen Antipodenkolonie« im Südpazifik

Band 3: Nils Schliehe, »Deutschlands Hilfe für Portugals Kolonialkrieg in Afrika«. Die Bundesrepublik Deutschland und der angolanische Unabhängigkeitskrieg 1961–1974

Band 4: Myriam Gröpel, »Echte Objekte«. Die Sammlung des Hamburger Museums für Völkerkunde und die Frage nach Authentizität 1904–1919

Band 5: Jan Kawlath, »Der Hamburger Hafen und der deutsche Kolonialkrieg in Namibia.« Die Inszenierung kolonialer Gewalt im Baakenhafen 1904–1907

Band 6: Gisela Angelika Ewe, »Heilung der Heimat«. *Rasse* und Gender in ausgewählten deutschsprachigen Spielfilmen der Nachkriegszeit

Band 7: Benjamin Gollasch, »Franz Ludwig Stuhlmann und die kolonialen Reformbestrebungen in Deutsch-Ostafrika vor 1906«. Vom Forschungsreisenden zum politischen Entscheidungsträger

Florian Balbiani

Mission – Kolonialismus – Nationalsozialismus

Ernst Dammann und die Hamburger Afrikanistik, 1930–1937

Allitera Verlag

Gedruckt mit freundlicher Unterstützung
der Hamburgischen Wissenschaftlichen Stiftung

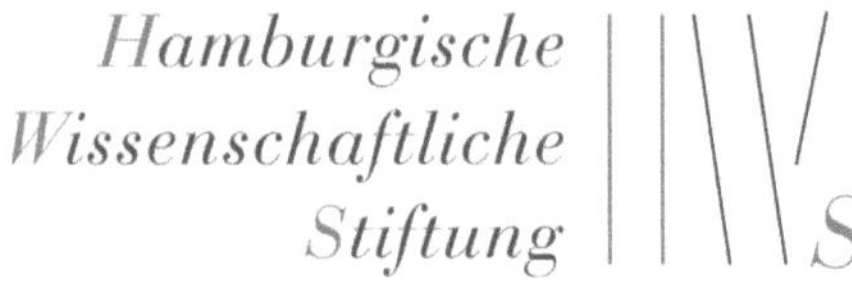

Covervorderseite: Das Foto zeigt Muhamadi Kijuma und Ernst Dammann. Vermutlich wurde es 1936 von Ruth Dammann auf Lamu aufgenommen. Es findet sich unter anderem in ihrem Reisetagebuch im Kieler Nachlass, dort mit der Bildunterschrift »Die beiden ›Gelehrten‹«.

Coverrückseite: Die Swahili-Dichtung »Qissati Yusufu« (»Die Josephsgeschichte«) wurde von Muhamadi Kijuma abgeschrieben und 1937 an Ernst Dammann übersandt. Heute ist das Manuskript Teil der Sammlung Dammann der Staatsbibliothek zu Berlin.

April 2023
Allitera Verlag
Ein Verlag der Buch&media GmbH, München

Layout, Satz und Umschlaggestaltung: Mona Königbauer
Gesetzt aus der The Sans und der Stempel Garamond
Umschlagvorderseite: Foto von Ernst Dammann und Muhamadi Kijuma, Sammlungen des Instituts für Afrikastudien, Universität Bayreuth.
Umschlagrückseite: Manuskript der Swahili-Dichtung »Qissati Yusufu«, geschrieben von Muhamadi Kijuma, Staatsbibliothek zu Berlin, Hs. or. 9893.
Printed in Europe · ISBN 978-3-96233-379-9

Allitera Verlag
Merianstraße 24 · 80637 München
Fon 089 13 92 90 46 · Fax 089 13 92 90 65

Inhalt

Danksagung

Ich danke allen, die Anteil an der Entstehung dieses Texts hatten, der auf meiner im März 2022 an der Universität Hamburg eingereichten Masterarbeit beruht. Durch viele Gespräche über mein Vorhaben in verschiedenen Phasen des Arbeitsprozesses erhielt die Arbeit ihren Zuschnitt: Neben Frau Prof. Dr. Angelika Schaser, Frau PD Dr. Uta Reuster-Jahn, Herrn Prof. Dr. Jürgen Zimmerer und Herrn PD Dr. Felix Brahm danke ich den Teilnehmer:innen des Oberseminars für postkoloniale und Globalgeschichte für ihre Anregungen. Jürgen Zimmerer und Felix Brahm danke ich für die Betreuung und Begutachtung der Arbeit, Ersteren auch für die Aufnahme in die Reihe »Hamburger postkoloniale Studien«. Uta Reuster-Jahn verbesserte meine Übersetzungen aus dem Swahili. Ihr und meinen Berliner Swahili-Lehrern Mzee Vitale Kazimoto und Dr. Lutz Diegner gilt mein Dank. Die Hamburgische Wissenschaftliche Stiftung, die die hier untersuchte Disziplin seit ihrem Beginn förderte, ermöglichte durch eine Beihilfe den Druck. Dirk Peschl, Mona Königbauer und Alexander Strathern vom Allitera Verlag danke ich für die hervorragende Zusammenarbeit. Marlene Draing und Sarina Schirmer lasen das gesamte Manuskript und trugen sehr dazu bei, es verständlich zu machen. In vielen Gesprächen mit ihnen entwickelten sich Thesen. Dafür und für ihre Freundschaft danke ich ihnen. Meine Eltern Sigrid und Ingo Balbiani ermöglichten mir das Studium und verfolgten es über die Jahre.

Hamburg, im Januar 2023

1 Einleitung

Die Auseinandersetzung mit dem kolonialen Erbe erfasst weite Teile der Gesellschaften des Globalen Nordens. Neben politischen und wirtschaftlichen Beziehungen geraten dabei auch zunehmend Universitäten in den Fokus von zivilgesellschaftlichen Bewegungen, die diese als Orte der Produktion und Kanonisierung von Wissen aus einer postkolonialen Perspektive hinterfragen.[1] Eine Disziplin, deren koloniales Erbe auf der Hand liegt, ist die Afrikanistik. Das in erster Linie mit der Untersuchung afrikanischer Sprachen befasste Fach entstand aus den sprachlichen Arbeiten protestantischer Missionare. Seine akademische Begründung – verbunden mit den Namen Carl Meinhof und Diedrich Westermann – erfolgte mit der Institutionalisierung der Kolonialwissenschaften im Kaiserreich um die Jahrhundertwende am Berliner Seminar für Orientalische Sprachen (gegründet 1887) und am Seminar für Afrikanische Sprachen des Hamburgischen Kolonialinstituts (gegründet 1908). Am Kolonialinstitut, der zentralen Vorgängerinstitution der Hamburger Universität, hatte die Afrikanistik mit Carl Meinhof 1909 ihren ersten Ordinarius.

Als Kolonialwissenschaft produzierte die Afrikanistik Wissen zur Beherrschung und »Inwertsetzung« des Kolonialbesitzes. Afrikanist:innen verfassten Grammatiken, Wörter- und Lehrbücher der in den deutschen Kolonien verbreiteten Sprachen – auch mit dem Anspruch, deren Gebrauch zu regulieren. Kolonialbeamte, Angehörige der »Schutztruppen«, Kaufleute und Missionare erlernten in Hamburg afrikanische Sprachen, und Afrikanisten beteiligten sich an kolonialpolitischen Debatten. Mit dem Ersten Weltkrieg fielen die unmittelbaren praktischen Betätigungsfelder der Afrikanistik weg. Doch leitete das Ende des deutschen Kolonialreichs keineswegs den Niedergang der Afrikanistik in Deutschland ein. Im Gegenteil: in der Zwischenkriegszeit wurde die Disziplin an den Universitäten institutionalisiert. Ideologische und praktische Bezüge zur Mission und zu kolonialen Netzwerken blieben bestehen, während sich die Disziplin auf die Suche nach neuen Praxisbezügen begab.

1 Vgl. beispielsweise Amit Chaudhuri: »The Real Meaning of Rhodes Must Fall«, in: The Guardian, 16.3.2016, https://www.theguardian.com/uk-news/2016/mar/16/the-real-meaning-of-rhodes-must-fall.

Die bisher kaum erforschte Geschichte der Afrikanistik nach dem Ende der Kolonialherrschaft ist Thema dieser Arbeit. Sie spürt den politischen und ideologischen Einflüssen nach, die die Disziplin in der Zwischenkriegszeit prägten, und fragt, wie sich deren Vertreter:innen unter den veränderten Rahmenbedingungen positionierten. Dazu wird der Fokus auf den Afrikanisten Ernst Dammann (1904–2003) gelegt. An seinem Wirken in Hamburg, Tanganyika und Kenya zwischen 1930 und 1937 wird gezeigt, wie die Hamburger Afrikanistik mit kolonialen, missionarischen, nationalistischen und nationalsozialistischen Vorstellungen, Interessen und Netzwerken interagierte.

Dabei knüpft diese Arbeit an eine Vielzahl von Studien an, die im Anschluss an die postkoloniale Theorie den Zusammenhang von Wissen und Kolonialismus untersuchen. Insbesondere in der Rezeption von Edward Saids »Orientalism« (1978) wurden europäische Denkweisen in Kunst, Literatur, Medien und auch in den Wissenschaften grundlegend hinterfragt. Es wurde vielfach nachgezeichnet, wie Europäer:innen die außereuropäische Welt als ihr Anderes und mit diesem spiegelnden Zerrbild sich selbst schufen.[2] Unzählige Studien sind in den letzten zwanzig Jahren erschienen, die sich oft am Beispiel des Britischen Empires kritisch mit dem Zusammenhang von »science and empire«, von Wissensproduktion und Imperialismus beschäftigen.[3]

Dieser Forschungsansatz einer postkolonialen Wissenschaftsgeschichte wurde insbesondere hinsichtlich der Rolle von Außereuropäer:innen weiterentwickelt, die nicht länger als Objekte europäischer Selbstvergewisserung, sondern als Akteur:innen mit eigenen Interessen in asymmetrischen Systemen verstanden werden. Neuere Forschungen betrachten daher Kolonien und Metropolen als einen gemeinsamen analytischen Raum, in dem die Produktion von

2 Edward W. Said: Orientalism, New York 1979 [1978]. Vgl. Ina Kerner: Postkoloniale Theorien zur Einführung, Hamburg 2017, S. 9–16, S. 64–113 u. S. 150–157; Sebastian Conrad/Shalini Randeria/Regina Römhild (Hg.): Jenseits des Eurozentrismus. Postkoloniale Perspektiven in den Geschichts- und Kulturwissenschaften, Frankfurt am Main, New York 2013.

3 Vgl. beispielsweise Brett M. Bennett/Joseph M. Hodge (Hg.): Science and Empire. Knowledge and Networks of Science across the British Empire, 1800–1970 (= Britain and the World), Basingstoke 2011; Ricardo Roque/Kim A. Wagner (Hg.): Engaging Colonial Knowledge. Reading European Archives in World History (= Cambridge Imperial and Post-Colonial Studies Series), Basingstoke, New York 2012; Nadin Heé: Imperiales Wissen und koloniale Gewalt. Japans Herrschaft in Taiwan 1895–1945 (= Globalgeschichte, Band 11), Frankfurt am Main, New York 2012.

Wissen nachgezeichnet wird.[4] Statt einer einseitigen Diffusion von der Metropole in die Kolonie werden Wechselwirkungen von kolonisierender und kolonisierter Bevölkerung für die Zirkulation von Wissensbeständen betont. Insbesondere lokale Expert:innen, die lange unsichtbar gebliebenen *intermediaries*, stehen dabei im Mittelpunkt.[5]

In Deutschland hat die Auseinandersetzung mit den Wechselwirkungen von Wissenschaft und Kolonialismus vergleichsweise spät begonnen. Das von Andreas Eckert herausgegebene *Jahrbuch für Universitätsgeschichte* zu »Universitäten und Kolonialismus« (2004) bündelte Forschungen zur Bedeutung einzelner Kolonialwissenschaften wie der Geographie oder Afrikanistik für die Wissensproduktion und die Ausbildung für den Dienst in den Kolonien. Die vom Herausgeber eingeforderte »transnational orientierte Universitätsgeschichte«[6] wurde seitdem in unterschiedlicher Form eingelöst, in der Betrachtung einzelner akademischer Disziplinen oder ganzer Universitäten wie der Göttingens: von der Beteiligung der Universität an Menschenversuchen über die Entstehung einzelner Wissenschaftszweige im Kolonialismus und die Wissensproduktion zur wirtschaftlichen Ausbeutung der Kolonien bis hin zum Beitrag der *intermediaries*.[7] Wie weit die Hamburger Afrikanistik bisher Eingang in die Forschung gefunden hat, wird im Folgenden diskutiert.

4 Ann L. Stoler / Frederick Cooper: »Between Metropole and Colony. Rethinking a Research Agenda«, in: Ann L. Stoler / Frederick Cooper (Hg.): Tensions of Empire. Colonial Cultures in a Bourgeois World, Berkeley, Los Angeles, London 1997, S. 1–56.

5 Dazu als Beispiel Rebekka Habermas / Alexandra Przyrembel (Hg.): Von Käfern, Märkten und Menschen. Kolonialismus und Wissen in der Moderne, Göttingen 2013; Harald Fischer-Tiné: Pidgin-Knowledge. Wissen und Kolonialismus (= Perspektiven der Wissensgeschichte), Zürich, Berlin 2013. Vgl. Nadin Heé: »Postkoloniale Ansätze«, in: Marianne Sommer / Staffan Müller-Wille / Carsten Reinhardt (Hg.): Handbuch Wissenschaftsgeschichte, Stuttgart 2017, S. 80–92; Felix Brahm: »Imperialismus und Kolonialismus«, in: Marianne Sommer / Staffan Müller-Wille / Carsten Reinhardt (Hg.): Handbuch Wissenschaftsgeschichte, Stuttgart 2017, S. 287–294.

6 Andreas Eckert (Hg.): Universitäten und Kolonialismus (= Jahrbuch für Universitätsgeschichte, Band 7), Stuttgart 2004, S. 9.

7 Rebekka Habermas (Hg.): Universität und Kolonialismus. Das Beispiel Göttingen, https://www.goettingenkolonial.uni-goettingen.de.

Forschungsstand

Zur Hamburger Afrikanistik gibt es eine Reihe von Darstellungen ihrer Fachvertreter:innen. Besonders verdienstvoll sind die im Zuge der von Eckart Krause in den 1980er und 1990er Jahren vorangetriebenen Aufarbeitung der nationalsozialistischen Geschichte der Universität Hamburg entstandenen Texte Ludwig Gerhardts (1991, zuvor 1986) sowie der Band von Hilke Meyer-Bahlburg und H. Ekkehard Wolff (1986) zu »75 Jahre Afrikanistik in Hamburg«, die auf extreme Widerstände aus dem Fach, insbesondere auch von Ernst Dammann, trafen.[8] Sie lösten ältere, völlig unkritische Darstellungen wie die des langjährigen Seminardirektors Johannes Lukas (1965) ab.[9] In jüngerer Zeit erschienen weitere mehr oder weniger kritische Beiträge aus der Hamburger Afrikanistik, etwa anlässlich der Vereinigung der Afrika- und Asienwissenschaften im Afrika-Asien-Institut (2002), anlässlich des Jubiläums »100 Jahre Asien- und Afrikawissenschaften in Hamburg« (2008), zu dem die Geschichte der Disziplinen vom »Kolonialinstitut zum Asien-Afrika-Institut« nachgezeichnet wurde, oder vor kurzem anlässlich des einhundertsten Jahrestages der Gründung der Universität Hamburg (2021).[10] Doch kratzen diese Beiträge oft aufgrund ihrer

8 Ludwig Gerhardt: »Das Seminar für Afrikanische Sprachen«, in: Eckart Krause/Ludwig Huber/Holger Fischer (Hg.): Hochschulalltag im »Dritten Reich«. Die Hamburger Universität 1933–1945, Teil II: Philosophische Fakultät, Rechts- und staatswissenschaftliche Fakultät, Berlin, Hamburg 1991, S. 827–843; Hilke Meyer-Bahlburg/H. Ekkehard Wolff: Afrikanische Sprachen in Forschung und Lehre. 75 Jahre Afrikanistik in Hamburg (1909–1984) (= Hamburger Beiträge zur Wissenschaftsgeschichte, Band 1), Berlin, Hamburg 1986. Zu den Widerständen, die dieser Band auslöste, vgl. Herrmann Jungraithmayr: »Rezension zu: Hilke Meyer-Bahlburg/H. Ekkehard Wolff: Afrikanische Sprachen in Forschung und Lehre. 75 Jahre Afrikanistik in Hamburg (1909–1984), Berlin, Hamburg 1986«, in: Zeitschrift der Deutschen Morgenländischen Gesellschaft 139 (1989), S. 269f.; Ernst Dammann: »Persönliche Stellungnahme«, in: Eckart Krause/Ludwig Huber/Holger Fischer (Hg.): Hochschulalltag im »Dritten Reich«. Die Hamburger Universität 1933–1945, Teil II: Philosophische Fakultät, Rechts- und staatswissenschaftliche Fakultät, Berlin, Hamburg 1991, S. 845–850.

9 Johannes Lukas/Mitarbeiter: »Afrikanische Sprachen und Kulturen. Der Hamburger Beitrag zu ihrer Erforschung«, in: Albert Kolb (Hg.): Hamburger Forschungen in Afrika, Hamburg 1965, S. 149–179.

10 Michael Friedrich: »Zurück ins Herz der Stadt? Die Hamburger Asien- und Afrikawissenschaften«, in: Jürgen Lüthje (Hg.): Universität im Herzen der Stadt. Eine Festschrift für Dr. Hannelore und Prof. Dr. Helmut Greve, Hamburg 2002, S. 170–179; Ludwig Gerhardt/Roland Kießling/Mechthild Reh: »Zur Geschichte der Abteilung für Afrikanistik und Äthiopistik«, in: Ludwig Paul (Hg.): Vom

Kürze nur an der Oberfläche der Thematik und es gelingt ihnen nicht, die Wechselwirkungen von Afrikanistik und Politik sowie anderer Einflüsse wissenschaftshistorisch herauszuarbeiten. Sie verweisen – so auch der von H. Ekkehard Wolff herausgegebene Versuch einer Globalgeschichte der Afrikanistik (2019) – explizit darauf, dass sie oft ohne Auseinandersetzung mit den (archivalischen) Quellen entstanden sind und aus der Perspektive des Fachvertreters, nicht einer Historikerin geschrieben wurden.[11]

Wie eine geschichtswissenschaftliche Betrachtung der Afrikanistik hingegen aussehen kann, beweist die kurze Arbeit Peter Kallaways (2017), der Diedrich Westermanns Wirken in Deutschland und Großbritannien in die komplexen religiösen, politischen und akademischen transnationalen Kontexte wissenschaftlichen Arbeitens in der Zwischenkriegszeit einordnet.[12] Als zentrale Monographie zur deutschen Afrikanistik liegt »Africa in Translation« (2012) der amerikanischen Historikerin Sara Pugach vor.[13] Sie versucht keine Gesamtdarstellung der Disziplin, sondern untersucht einzelne Aspekte wie etwa das Zusammenwirken von linguistischer und rassenanthropologischer Forschung oder den Einfluss der Afrikanistik auf die Formulierung der südafrikanischen Apartheidpolitik. Daneben stehen Untersuchungen zu den Afrikawissenschaften (die neben der Afrikanistik etwa die Geographie, Geschichte und Ethnologie umfassen) zur Verfügung, darunter Felix Brahms vergleichende Arbeit zur »akademischen Beschäftigung mit Afrika in Deutschland und Frankreich« vor dem Hintergrund der Dekolonisierung (2010), die unter anderem die Hamburger Afrikanistik und ihre »kolonial geprägte[n] Wissensordnungen« in den

Kolonialinstitut zum Asien-Afrika-Institut. 100 Jahre Asien- und Afrikawissenschaften in Hamburg, Gossenberg 2008, S. 163–192; Roland Kießling: »Ein ganzer Kontinent mit über 1.500 Sprachen. Zu 110 Jahren Afrikanistik in Hamburg«, in: Rainer Nicolaysen / Eckart Krause / Gunnar B. Zimmermann (Hg.): 100 Jahre Universität Hamburg. Studien zur Hamburger Universitäts- und Wissenschaftsgeschichte in vier Bänden, Bd. 2: Geisteswissenschaften, Theologie, Psychologie, Göttingen 2021, S. 431–453.

11 H. Ekkehard Wolff (Hg.): A History of African Linguistics, Cambridge 2019, S. xvi.

12 Peter Kallaway: »Diedrich Westermann and the Ambiguities of Colonial Science in the Inter-War Era«, in: The Journal of Imperial and Commonwealth History 45 (2017), S. 871–893.

13 Sara Pugach: Africa in Translation. A History of Colonial Linguistics in Germany and Beyond, 1814–1945 (= Social History, Popular Culture, and Politics in Germany), Ann Arbor 2012.

Blick nimmt.[14] Holger Stoeckers Untersuchung der Berliner Afrikawissenschaften bis 1945 (2008) ist für den Hamburger Kontext vor allem wegen seiner Darstellung der Beteiligung Hamburger und Berliner Afrikanisten an den nationalsozialistischen Kolonialplanungen sowie der vielfältigen Netzwerke zwischen Politik und Wissenschaft relevant.[15] Jens Ruppenthals Darstellung des Hamburger Kolonialinstituts (2007) geht nicht über dessen Bestehen und damit das Ende der deutschen Kolonialherrschaft in Afrika hinaus.[16] Daneben liegen eine Reihe von Aufsätzen der drei Autoren vor, die sich mit verschiedenen Aspekten der Kolonial- bzw. Afrikawissenschaften in Deutschland beschäftigen.[17]

Aufgrund der engen Verbindung zwischen protestantischer Mission und akademischer Afrikanistik ist zudem die Forschungsliteratur zur

14 Felix Brahm: Wissenschaft und Dekolonisation. Paradigmenwechsel und institutioneller Wandel in der akademischen Beschäftigung mit Afrika in Deutschland und Frankreich, 1930–1970 (= Pallas Athene. Beiträge zur Universitäts- und Wissenschaftsgeschichte, Band 33), Stuttgart 2010, S. 14. Mit ähnlichem Ansatz auch Falk-Thoralf Günther: Afrika- und Lateinamerikaforschung in Deutschland zwischen Kaiserreich und Drittem Reich (= Historische Studien, Band 2), Leipzig 2008.

15 Holger Stoecker: Afrikawissenschaften in Berlin von 1919 bis 1945. Zur Geschichte und Topographie eines wissenschaftlichen Netzwerkes (= Pallas Athene. Beiträge zur Universitäts- und Wissenschaftsgeschichte, Band 25), Stuttgart 2008.

16 Jens Ruppenthal: Kolonialismus als »Wissenschaft und Technik«. Das Hamburgische Kolonialinstitut 1908 bis 1919 (= Historische Mitteilungen der Ranke-Gesellschaft, Band 66), Stuttgart 2007.

17 Felix Brahm/Jochen Meissner: »Außereuropa« im Spiegel allgemeiner Vorlesungsverzeichnisse. Konjunkturen der humanwissenschaftlichen Beschäftigung mit Afrika und Lateinamerika an ausgewählten Hochschulstandorten, 1925 bis 1960«, in: Matthias Middell/Ulrike Thoms/Frank Uekötter (Hg.): Verräumlichung, Vergleich, Generationalität. Dimensionen der Wissenschaftsgeschichte, Leipzig 2004, S. 70–94; Felix Brahm: »Wissenschaft und Wirtschaft. Zum Verhältnis von Übersee- und Afrikaforschung zur lokalen Wirtschaft in Hamburg und Bordeaux (1900–1975)«, in: Michel Espagne/Pascale Rabault-Feuerhahn/David Simo (Hg.): Afrikanische Deutschland-Studien und deutsche Afrikanistik. Ein Spiegelbild, Würzburg 2014, S. 123–146; Jens Ruppenthal: »Kolonialpolitik der Metropolen? Berlin und Hamburg im Kampf um koloniale Kompetenz«, in: Historische Mitteilungen der Ranke-Gesellschaft 20 (2007), S. 140–173; Holger Stoecker: »Afrikanistik in Deutschland«, in: Rebekka Habermas/Alexandra Przyrembel (Hg.): Von Käfern, Märkten und Menschen. Kolonialismus und Wissen in der Moderne, Göttingen 2013, S. 175–185; Holger Stoecker: »Afrika als DFG-Projekt. Die staatliche Förderung der deutschen Afrikaforschung durch die Deutsche Forschungsgemeinschaft, 1920–1970«, in: Michel Espagne/Pascale Rabault-Feuerhahn/David Simo (Hg.): Afrikanische Deutschland-Studien und deutsche Afrikanistik. Ein Spiegelbild, Würzburg 2014, S. 147–166.

Geschichte der evangelischen Mission heranzuziehen. Zur Bethel-Mission, für die Dammann in Ostafrika tätig war, liegen neben der Darstellung des Missionsdirektors Gustav Menzel (1986) zwei neuere Arbeiten vor. Insbesondere die theologische Dissertation Helen-Kathrin Treutlers (2017) ist zentral für die Kontextualisierung der Arbeit Dammanns im ostafrikanischen »Missionsfeld« im Nationalsozialismus.[18] Die Hamburger Missionswissenschaft, die aufs Engste mit der Afrikanistik verzahnt war, wurde von Rainer Hering (1990) eingehend untersucht.[19] Die widersprüchlichen und ambivalenten kolonialen Planungen der Nationalsozialisten, insbesondere die kolonialwissenschaftlichen Bemühungen, in die Hamburger Afrikanist:innen eingebunden waren, untersucht Karsten Linne (2004, 2006, 2008).[20] Zu Dammann selbst liegen neben einer Reihe von Nachrufen und Ehrungen bisher zwei kurze biographische Skizzen vor: von Rainer Hering im »Biographisch-Bibliographischen Kirchenlexikon« (2007) und der lokalgeschichtliche Aufsatz Harald Möllers im *Jahrbuch für den Kreis Pinneberg* (2005).[21]

18 Gustav Menzel: Die Bethel-Mission. Aus 100 Jahren Missionsgeschichte, Neukirchen-Vluyn 1986; Helen-Kathrin Treutler: Christliches Missionsverständnis und nationalsozialistische Weltanschauung. Die Bethel-Mission zwischen 1933 und 1945 (= Beiträge zur westfälischen Kirchengeschichte, Band 45), Bielefeld 2017; vgl. auch Frigga Tiletschke: »Afrika müssen wir auch haben!« Die Bethel-Mission in Ostafrika 1885–1970, Diss. Universität Bielefeld 2017.

19 Rainer Hering: Theologische Wissenschaft und »Drittes Reich«. Studien zur Hamburger Wissenschafts- und Kirchengeschichte im 20. Jahrhundert (= Geschichtswissenschaft, Band 20), Pfaffenweiler 1990.

20 Karsten Linne: »Die Renaissance der Kolonialwissenschaften in Hamburg während der NS-Zeit«, in: Zeitschrift des Vereins für Hamburgische Geschichte 90 (2004), S. 135–160; Karsten Linne: »›Arbeit für unsere koloniale Zukunft‹ – die nationalsozialistischen Kolonialwissenschaften«, in: Österreichische Zeitschrift für Geschichtswissenschaften 17 (2006), S. 91–113; Karsten Linne: Deutschland jenseits des Äquators. Die NS-Kolonialplanungen für Afrika (= Schlaglichter der Kolonialgeschichte, Band 8), Berlin 2008.

21 Rainer Hering: »Dammann, Ernst Karl Alwin Hans«, in: Friedrich W. Bautz/Traugott Bautz (Hg.): Biographisch-Bibliographisches Kirchenlexikon, Bd. 28: Ergänzungen XV, Nordhausen 2007, Sp. 353-392; Harald Möller: »Ernst Dammann (1904–2003) – eine politische Biographie«, in: Jahrbuch für den Kreis Pinneberg 38 (2005), S. 53–68.

Fragestellung, Vorgehen und Quellen

Diese Arbeit geht der Frage nach, welche ideologischen und politischen Einflüsse im postkolonialen Deutschland die Afrikanistik prägten und wie sich ihre Vertreter:innen dazu positionierten und ihre Disziplin in Forschung und Lehre ausrichteten. Dazu folgt die Arbeit dem Hamburger Afrikanisten Ernst Dammann im Zeitraum von 1930 bis 1937. Nach dem Studium der Theologie, orientalischer und afrikanischer Sprachen in Kiel, Berlin und Hamburg fand Dammann 1930 eine Anstellung als wissenschaftlicher Hilfsarbeiter am Seminar für Afrikanische Sprachen. Als Afrikanist der »zweiten Generation« war er Schüler und enger Vertrauter des Ordinarius Carl Meinhof. Bis 1957 blieb er am Hamburger Seminar, bevor er den afrikanistischen Lehrstuhl an der Ostberliner Humboldt-Universität in der Nachfolge Diedrich Westermanns übernahm. Unterbrochen wurde Dammanns Hamburger Dienstzeit durch einen längeren Aufenthalt in Ostafrika: Zwischen 1933 und 1936 wirkte er als Missionar und Pastor im britischen Mandatsgebiet Tanganyika, anschließend reiste er im Auftrag Meinhofs zur Erforschung der Swahili-Literatur nach Kenya und kehrte 1937 nach Hamburg zurück. An Dammanns wissenschaftlicher Tätigkeit, seinem politischen und kirchlichen Engagement und dem engen Verhältnis zu seinem Mentor Meinhof lassen sich die Vorstellungen, Netzwerke und Ressourcen aufzeigen, die die afrikanistische Arbeit ermöglichten und prägten.

Die Arbeit stützt sich dazu auf eine hervorragende Quellenüberlieferung, die bisher nur ansatzweise in der Forschung ausgewertet wurde. Zum einen handelt es sich dabei um die zeitgenössischen wissenschaftlichen, missionarischen und politischen Veröffentlichungen Dammanns und anderer Afrikanist:innen, unter anderem in dem bis heute bestehenden Publikationsorgan der Hamburger Afrikanistik, der *Zeitschrift für Eingeborenen-Sprachen* (seit 1951 *Afrika und Übersee*). Daneben wird die archivalische Überlieferung herangezogen: die Akten des Seminars für Afrikanische Sprachen im Hamburger Staatsarchiv, die insbesondere den dichten Briefwechsel zwischen Dammann und Meinhof enthalten, und der bisher kaum erschlossene umfangreiche Nachlass Dammanns in der Landesbibliothek Schleswig-Holstein in Kiel. Auch Dammanns 1999 veröffentlichte Autobiographie, die er als »Beitrag zur Wissenschaftsgeschichte« der Afrikanistik verstanden wissen wollte,[22] wird in Korrespondenz mit den überlieferten zeitgenössischen Quellen ausgewertet.

Aufbau und Thesen

Einführend wird gezeigt, auf welchen Strukturen und Netzwerken Dammann aufbaute und welche Vorstellungen seinem Verständnis der Afrikanistik zugrunde lagen. Dazu werden die *Wurzeln der Afrikanistik* (II) in der protestantischen Mission, im Kolonialismus sowie in der vergleichenden Sprachwissenschaft dargestellt. Die Erforschung afrikanischer Sprachen zur religiösen Verkündigung etablierte sich im 19. Jahrhundert im »missionarischen Feld«. Die Bezüge zur Mission blieben bestehen, als die Beschäftigung mit afrikanischen Sprachen zu kolonialen Zwecken am Berliner Seminar für Orientalische Sprachen und am Hamburgischen Kolonialinstitut institutionalisiert wurde. Das Interesse der Afrikanist:innen ging jedoch über die praktischen missionarischen und kolonialen Zwecke hinaus: Indem Meinhof die Methoden der vergleichenden Sprachwissenschaft auf afrikanische Sprachen anwandte, beschäftigte er sich mit der Klassifizierung von Sprachfamilien und der Suche nach Ursprachen, wobei er linguistische Annahmen mit rassenanthropologischer Forschung verknüpfte. Daneben gewannen auch philologische Arbeiten, insbesondere im Hinblick auf die islamisch geprägte Swahili-Dichtung, an Bedeutung.

Darauf aufbauend soll anschließend gezeigt werden, wie eng auch für Ernst Dammann als Vertreter der zweiten Generation der akademischen Afrikanistik der Zusammenhang von *Mission und Afrikanistik* (III) war. Dieser wird daran deutlich, wie sich die Hamburger Afrikanistik in der Lehre in den Dienst der Missionsgesellschaften stellte und in der Wissensproduktion die Ressourcen der in Afrika arbeitenden Missonar:innen nutzte. Die umworbene Mission diente auch als dringend benötigter Praxisbezug und als politisches Argument, das die Existenz des Seminars sichern sollte. Doch Dammann arbeitete nicht nur wie sein Mentor intensiv mit Missionar:innen zusammen, sondern trat selbst mit Meinhofs Zustimmung von 1933 bis 1935 in den Dienst der Bethel-Mission im britischen Mandatsgebiet Tanganyika. Dort

[22] Ernst Dammann: 70 Jahre erlebte Afrikanistik. Ein Beitrag zur Wissenschaftsgeschichte (= Marburger Studien zur Afrika- und Asienkunde, Serie A: Afrika, Band 32), Berlin 1999.

nutzte er die Ressourcen und Netzwerke der protestantischen Mission und der auslandsdeutschen Gemeinschaft für seine produktiven afrikanistischen Forschungen. Seine Sprachkenntnisse kamen wiederum der Mission zugute, für die er auf Swahili Texte verfasste und an einer Bibelübersetzung mitwirkte.

Doch ordnete Dammann seinen Aufenthalt in Ostafrika nicht in erster Linie missionarischen Aufgaben unter. Sein Fokus lag auf dem selbstgewählten *Dienst am kolonialen »Deutschtum« in Tanganyika* (IV), in dem er durch seine Stellung als NSDAP-Ortsgruppenleiter und Pastor der evangelischen Gemeinde in Tanga eine herausgehobene Stellung innehatte. Sein Ziel war die Aufrechterhaltung und Stärkung der kolonialen Identität der deutschen Siedlergemeinschaft durch Feierlichkeiten, Denkmäler und Schriften. Zusätzlich versuchte Dammann, durch koloniale und nationalsozialistische Propaganda in Swahili Einfluss auf die Afrikaner:innen im britischen Mandatsgebiet zu nehmen. Seine Aktivitäten brachten ihn schließlich in offenen Konflikt mit der Bethel-Mission, den Meinhof in seinem Interesse im Kontext des nationalsozialistischen »Kirchenkampfs« austrug.

Nach seiner Entlassung aus dem Missionsdienst reiste Dammann 1936 in Meinhofs Auftrag zur Erforschung der islamisch geprägten Swahili-Dichtung nach Mombasa und auf die Insel Lamu vor der kenyanischen Küste. Anhand des sich dort entwickelnden *nationalen Wettlaufs um Swahili-Manuskripte* (V) wird deutlich, wie Dammanns philologische Forschung transnationale Kooperation zwischen deutschen, britischen und afrikanischen Gelehrten mit einer nationalistischen Interpretation verband: Einerseits ermöglichten britische Afrikanist:innen erst die Zusammenarbeit mit afrikanischen Experten. Andererseits standen Finanzierung und Veröffentlichung der Forschungsergebnisse unter nationalistischen Vorzeichen – insbesondere nachdem Meinhof und Dammann sich der Konkurrenz ihrer britischen Kolleg:innen um die Erstveröffentlichung von Swahili-Manuskripten bewusst wurden. Abschließend wird in einem Exkurs Dammanns scheinbar widersprüchliches Verhalten gegenüber Afrikaner:innen in den Blick genommen.

2 Die Wurzeln der Afrikanistik: Mission, Kolonialismus, Sprachwissenschaft

Der Begriff »Afrikanistik« findet sich bei Carl Meinhof um 1914, »wurde aber vor allem nach 1945 an Hochschulstandorten in Westdeutschland geprägt und ist bis heute umstritten«, wie Felix Brahm feststellt.[1] Von einigen wird er sehr weit gefasst und mit »Afrikawissenschaften« (*African Studies*) gleichgesetzt: So definiert Holger Stoecker die Afrikanistik als »jene geistes- und sozialwissenschaftlichen Disziplinen [...], die die afrikanischen Gesellschaften und Staaten südlich der Sahara im allgemeinen, ihren Gesellschaftsaufbau und ihre wirtschaftliche Struktur, ihre Kulturen und Geschichte, ihre Sprachen und Literaturen, ihre gegenwärtige Politik sowie ihre sonstigen gesellschaftlichen und ethnischen Verhältnisse untersuchen«.[2] Gegen ein solches Verständnis einer »irgendwie alles umfassende[n] allgemeine[n] ›Wissenschaft von Afrika‹« wehrt sich der Afrikanist H. Ekkehard Wolff. Er definiert die Afrikanistik als »die Wissenschaft von den afrikanischen Sprachen und deren Bedeutung und Funktionen in Kultur und Gesellschaft in Afrika«.[3]

Die Definition hängt stark von der jeweiligen universitätsspezifischen Ausgestaltung des Faches ab. In Hamburg war die sprachwissenschaftliche Afrikanistik institutionell stets von anderen Afrikawissenschaften wie der afrikanischen Geschichte, Geographie und Ethnologie getrennt – trotz vielfacher Versuche, interdisziplinäre Forschungszusammenhänge zu schaffen. Allerdings befassten sich auch die Vertreter:innen der eng gefassten Afrikanistik mit der Geschichte, Kultur, Philosophie oder dem Recht Afrikas. Sie arbeiteten transdisziplinär und bezogen »unterschiedliche theoretische und methodische Ansätze aus verschiedenen Wissenschaften« ein, allerdings immer von ihrem sprachwissenschaftlichen Ausgangspunkt.[4]

Interessant ist dabei, dass oft die philologischen Aspekte der Afri-

1 F. Brahm: Wissenschaft und Dekolonisation, S. 124.

2 H. Stoecker: Afrikanistik in Deutschland, S. 175f.

3 H. Ekkehard Wolff: Was ist eigentlich Afrikanistik? Eine kleine Einführung in die Welt der afrikanischen Sprachen, ihre Rolle in Kultur und Gesellschaft und ihre Literaturen. Unter Mitarbeit von Ari Awagana und Marion Feuerstein (= Sprache – Kultur – Gesellschaft, Band 13), Frankfurt am Main 2013, S. 19 u. S. 15.

4 H. E. Wolff: Was ist eigentlich Afrikanistik?, S. 19f. u. S. 27.

kanistik nicht in die Definition aufgenommen werden und somit unberücksichtigt bleiben. Das führt etwa dazu, dass die bisher ausführlichste Darstellung der Hamburger Afrikanistik die für den Untersuchungszeitraum so zentrale Arbeit des Sammelns von oral tradierten Märchen, Geschichten, Rätseln und Sprichwörtern und deren Veröffentlichung in der *Zeitschrift für Eingeborenen-Sprachen* ignoriert. Auch die aufwendige philologische Arbeit der Sammlung, Interpretation und Edition von Swahili-Manuskripten, die für Meinhof und Dammann zentral für das Verständnis ihrer Arbeit war, wird außen vor gelassen, weil sie dem streng linguistischen Fachverständnis der Autor:innen widerspricht.[5] Dieser teleologische Blick wird jedoch der Geschichte der Hamburger Afrikanistik nicht gerecht. In dieser Arbeit soll daher ein enger Begriff der »Afrikanistik« verwendet werden, orientiert daran, wie die Mitglieder des Hamburger Seminars für Afrikanische Sprachen ihre Disziplin verstanden und nach außen vertraten. Nur so kann die spezifische Ausgestaltung des Faches und das Handeln seiner Vertreter:innen erfasst werden. Im Folgenden sollen die Wurzeln der Afrikanistik aufgezeigt werden, um einerseits die Strukturen und Netzwerke, in denen sich Dammann bewegte, und andererseits die Vorstellungen, auf die sein wissenschaftliches Verständnis aufbaute, sichtbar zu machen.

2.1 Mission

Sara Pugach lässt ihre Geschichte der Afrikanistik, der *colonial linguistics*, Anfang des 19. Jahrhunderts beginnen. Es waren insbesondere Missionare, die die Aufzeichnung und Erforschung afrikanischer Sprachen vorantrieben und als Bindeglied zwischen Afrika und europäischen Öffentlichkeiten fungierten. Viele von ihnen stammten aus Deutschland und standen in der Tradition der pietistischen Erweckungsbewegungen in Württemberg und Preußen. Jedoch befanden sie sich zumeist nicht in den Diensten der wenig einflussreichen deutschen Missionsgesellschaften wie der Rheinischen oder Norddeutschen Mission, sondern gehörten britischen Missionsgesellschaften wie der Church Missionary Society an. Die Missionare identifizierten sich auch nicht in erster Linie mit ihrer eigenen Nation, sondern verschrieben sich vielmehr den Zielen einer »transnational Protestant commu-

5 Vgl. H. Meyer-Bahlburg/H. E. Wolff: Afrikanische Sprachen in Forschung und Lehre.

nity«. Ultimatives Ziel ihrer Anstrengungen in der Dokumentation afrikanischer Sprachen war es, in diesen predigen sowie die Bibel und andere religiöse Texte mit afrikanischen Mitarbeiter:innen übersetzen zu können. Dafür verfassten sie Grammatiken, Wörter- und Lehrbücher auf Englisch für eine internationale, überwiegend britische Leserschaft. Pugach verweist daher auf den globalen Charakter der frühen Beschäftigung mit afrikanischen Sprachen.[6]

Im 19. Jahrhundert professionalisierten sich zunehmend die Sprachbeschreibungen der Missionare, sie hatten immer öfter »den Anspruch von systematischen Untersuchungen«.[7] Für die Erforschung der ostafrikanischen Verkehrssprache Swahili zeichnen dies die Afrikanistinnen Gudrun Miehe und Clarissa Vierke nach: Nachdem Reisende und Seeleute bereits im frühen 19. Jahrhundert einzelne Wörterlisten zusammengetragen hatten, setzte eine »umfassende Beschreibung und systematische Erfassung der Sprachstruktur des Swahili« mit Johann Ludwig Krapf ein, der ab 1844 als Missionar in Mombasa arbeitete. Der als »Entdecker« des Kilimanjaro bekannte Missionar erstellte die erste Grammatik (»Outline of the Elements of the Kisuáheli Language«, 1850) und das posthum erschienene erste Wörterbuch des Swahili (»Dictionary of the Suahili Language«, 1882) – beides verfasste er auf Englisch. Vierke weist darauf hin, dass Krapfs Arbeiten bereits über rein praktische Zwecke hinausgingen. Seine sprachvergleichenden Arbeiten, die mehrere ostafrikanische Sprachen in den Blick nahmen, zeugten schon von einer »Entwicklung, die die Sprache nicht nur zum Hilfsmittel, sondern zum Forschungsgegenstand an sich macht«.[8]

An drei Missionszentren entlang der ostafrikanischen Küste entstanden in der Folgezeit Swahili-Wörterbücher und -Grammatiken: in Mombasa durch die Church Missionary Society, der die deutschen Missionare Krapf und Johannes Rebmann angehörten, in Zanzibar un-

6 S. Pugach: Africa in Translation, S. 21–48, Zitat S. 9f.

7 Clarissa Vierke: »Zur Forschungsgeschichte der deutschen Afrikanistik, ihre Anfänge und Ausrichtung, am Beispiel der Swahili-Forschung«, in: Michel Espagne/Pascale Rabault-Feuerhahn/David Simo (Hg.): Afrikanische Deutschland-Studien und deutsche Afrikanistik. Ein Spiegelbild, Würzburg 2014, S. 73–92, hier S. 74.

8 Gudrun Miehe: »Forschungsgeschichtliche Einleitung«, in: Gudrun Miehe/Wilhelm J. G. Möhlig (Hg.): Swahili-Handbuch, Köln 1995, S. 9–23, hier S. 19–23, Zitat S. 20; H. Stoecker: Afrikanistik in Deutschland, S. 177; C. Vierke: Zur Forschungsgeschichte der deutschen Afrikanistik, S. 74–76, Zitat S. 76. Vgl. auch Amani Lusekelo: »African Linguistics in Eastern Africa«, in: H. Ekkehard Wolff (Hg.): A History of African Linguistics, Cambridge 2019, S. 133–152.

ter dem Bischof Edward Steere der Universities Mission to Central Africa und in Bagamoyo durch Charles Sacleux der französischen Congrégation du Saint-Esprit. Zwischen Mombasa (Krapf) und Zanzibar (Steere) entwickelte sich ein »Sprachenstreit« um »das ›reinere‹ Swahili«, der 1928 zugunsten des Zanzibar-Dialekts Kiunguja entschieden wurde: Steeres »Swahili Exercises« von 1878 wurden in der britischen Mandatszeit zur normativen Grundlage des bis heute verwendeten Standard-Swahili.[9]

Neben der linguistischen Arbeit sammelten und veröffentlichten die Missionare auch von ihnen aufgezeichnete Erzählungen und arbeiteten an der Übersetzung der Bibel. Steere veröffentlichte 1880 als Erster das Neue Testament auf Swahili, seine vollständige Übersetzung der Bibel (»Kitabu cha Agano la Kale na Agano Jipya«) erschien 1891 posthum.[10] Eine nachhaltige Wirkung auf die Swahili-Forschung hatte Krapf dadurch, dass er Manuskripte der islamisch geprägten, in arabischer Schrift geschriebenen Swahili-Dichtung sammelte und an die Deutsche Morgenländische Gesellschaft in Halle schickte, darunter das »Chuo cha Herkal« (Buch des Herakleios, Utendi wa Tambuka). Wie später gezeigt wird, beschäftigte diese Dichtung nach ihrer Wiederentdeckung Ende des 19. Jahrhunderts über Jahrzehnte Afrikanisten wie Carl Büttner, Carl Meinhof und Ernst Dammann.[11]

Für die 1870er Jahre konstatiert Pugach eine Hinwendung der deutschen Missionsgesellschaften zum Nationalismus. Diese sahen im Kolonialbesitz neue Möglichkeiten für ihre praktische Arbeit und nicht wenige Missionare engagierten sich in der Kolonialbewegung.[12] Eine besondere Rolle für die Afrikanistik kam dabei dem Rheinischen Missionar Carl Gotthilf Büttner zu, den Pugach als »transitional figure« charakterisiert: Ursprünglich in der transnationalen Sphäre der Mission und der missionarischen Sprachforschung verortet, wurde er zu einem »advocate for an expressly German colonialism« und für eine afrikanistische Sprachforschung, die von deutschen Missionaren nicht

9 G. Miehe: Forschungsgeschichtliche Einleitung, S. 19–23, Zitat S. 21; C. Vierke: Zur Forschungsgeschichte der deutschen Afrikanistik, S. 74–76.

10 Viera Pawliková-Vilhanová: »Biblical Translations of Early Missionaries in East and Central Africa. I. Translations into Swahili«, in: Asian and African Studies 15 (2006), S. 80–89, hier S. 81 u. S. 84.

11 Gudrun Miehe: »Preserving Classical Swahili Poetic Tradition. A Concise History of Research up to the First Half of the 20th Century«, in: Gudrun Miehe/Clarissa Vierke (Hg.): Muhamadi Kijuma. Texts from the Dammann Papers and other Collections, Köln 2010, S. 18–40, hier S. 18–20.

12 S. Pugach: Africa in Translation, S. 49–51.

länger in englischer Sprache, sondern auf Deutsch betrieben werden sollte. In der Kopplung von deutscher Kolonisierung und christlicher Missionierung, unterstützt durch afrikanistische Sprachforschung, sah Büttner den Weg zur »Zivilisierung« der Afrikaner:innen. So beteiligte er sich 1885 als Bevollmächtigter der Reichsregierung am Abschluss sogenannter »Verträge« mit Chiefs in der späteren südwestafrikanischen Kolonie.[13] Nach seiner Rückkehr nach Deutschland wurde Büttner 1887 der erste Swahili-Lehrer des Berliner Seminars für Orientalische Sprachen und schuf bedeutende Grundlagen für die akademische Erforschung der Sprache sowie ihrer Literatur und Oratur.

2.2 Kolonialismus

»Mit der rasanten, zumindest formellen Etablierung europäischer Kolonialherrschaft über beinahe den gesamten afrikanischen Kontinent ab den 1880er Jahren war ein wirkmächtiger Faktor entstanden, der in den europäischen Metropolen – von staatlicher wie von privatwirtschaftlicher Seite – zur Formulierung eines Bedürfnisses nach fächerübergreifender Forschung zu den Kolonien und einer möglichst anwendungsbezogenen Ausbildung von Fachkräften führte.«[14] Ähnlich wie in anderen europäischen Kolonialmächten sprossen in Deutschland seit Ende des 19. Jahrhunderts Institutionen zur kolonialen Ausbildung und kolonialwissenschaftlichen Forschung aus dem Boden. In der Afrikanistik im engeren Sinne erstritt sich Deutschland die führende Rolle, bald begleitet, später ganz abgelöst von Großbritannien.[15]

Es lohnt der Blick auf die beiden »Kolonialmetropolen« des Deutschen Reichs Hamburg und Berlin und deren »mitunter bemerkenswert erbitterten Konkurrenzkampf […] um die Führungsposition« in den Kolonialwissenschaften, wie Jens Ruppenthal den »Kampf um koloniale Kompetenz« charakterisiert. Beide Metropolen hatten ihre jeweils eigene koloniale Prägung: Berlin mit seiner politischen Bedeutung als Sitz der Reichsregierung, des Kolonialrats und Reichstags, als Ort der Westafrikakonferenz 1884/85, aber auch mit der imaginierten Präsenz des afrikanischen Kolonialbesitzes durch Völkerschauen, das

13 Ebd., S. 52f. u. S. 57f., Zitat S. 53.

14 F. Brahm: Wissenschaft und Dekolonisation, S. 22.

15 Roland Kießling: »Western Europe. African Linguistics and the Colonial Project«, in: H. Ekkehard Wolff (Hg.): A History of African Linguistics, Cambridge 2019, S. 21–45, hier S. 24f.

Völkerkundemuseum und Kolonialausstellungen; Hamburg mit seiner überragenden kolonialwirtschaftlichen Bedeutung, Hagenbecks Völkerschauen und den von der Geographischen Gesellschaft finanzierten Expeditionen nach Afrika.[16] Für die Afrikanistik sind zwei miteinander konkurrierende Institutionen relevant: das Seminar für Orientalische Sprachen in Berlin und das Hamburgische Kolonialinstitut.

Das Berliner Seminar für Orientalische Sprachen

Mit dem formalen Herrschaftsanspruch über afrikanische Territorien wurde die Lehre afrikanischer Sprachen in der Hauptstadt des Reiches institutionalisiert, womit auch die Produktion kolonialen Wissens teilweise vom »Missionsfeld« auf die Metropole überging.[17] Am 1887 gegründeten Seminar für Orientalische Sprachen bestand neben der Ausbildung von Dolmetschern für den Auswärtigen Dienst die Möglichkeit zu einem »Kolonialstudium«, in dem neben der Sprachausbildung in die Landeskunde und Fächer wie Geographie, Geschichte, Kolonialrecht und Tropenhygiene eingeführt wurde. Mit diesem Studium sollten Beamte, Offiziere, aber auch Missionare und Kaufleute auf ihre Zeit in den Kolonien vorbereitet werden.[18]

Das Seminar war in erster Linie eine nur locker an die Berliner Universität angebundene Einrichtung zur Lehre außereuropäischer Sprachen; wissenschaftliche Forschung war, solange sie nicht der praktischen Lehre diente, nicht vorgesehen und geschah vielmehr als Nebenprodukt auf Initiative der dort Lehrenden. Der Sprachunterricht erfolgte in der Regel durch einen deutschen Lehrer mit praktischer Erfahrung – meist aus den Kolonien zurückgekehrte Beamte, Ärzte oder Missionare – und einen muttersprachlichen Lektor. Für die afrikanischen Sprachen waren es kurzzeitig angestellte »Lehrgehilfen«, denen

[16] J. Ruppenthal: Kolonialpolitik der Metropolen?, S. 141–145 u. S. 148–151, Zitat S. 141.

[17] S. Pugach: Africa in Translation, S. 60.

[18] Holger Stoecker: »Afrikanistische Lehre und Forschung in Berlin 1919–1945«, in: Jahrbuch für Universitätsgeschichte 7 (2004), S. 101–128, hier S. 101f.; H. Stoecker: Afrikanistik in Deutschland, S. 182; F. Brahm: Wissenschaft und Dekolonisation, S. 28f.; J. Ruppenthal: Kolonialpolitik der Metropolen?, S. 145–147. Vgl. zur Geschichte der Berliner Afrikanistik auch Andreas Eckert: »Afrikanische Sprachen und Afrikanistik«, in: Heinz-Elmar Tenorth (Hg.): Geschichte der Universität Unter den Linden 1810–2010, Bd. 5: Transformation der Wissensordnung, Berlin 2010, S. 535–546.

aus rassistischen Gründen der Status eines Lektors verwehrt wurde. Die Zahl afrikanischer Sprachen im Lehrprogramm des Seminars nahm stetig zu, sodass neben Swahili unter anderem auch Herero, Hausa und Ful gelehrt wurden. Das Lehrangebot war – so Stoecker – eng an den Bedarfen der Kolonialverwaltung, der »Schutztruppe«, der in Afrika tätigen Handelshäuser und der Missionsgesellschaften ausgerichtet.[19]

Obwohl das Seminar nicht als Ort wissenschaftlicher Forschung angedacht war, erhielt es für die Afrikanistik eine zentrale Bedeutung, da afrikanische Sprachen nicht an deutschen Universitäten vertreten waren.[20] Der erste Swahili-Lehrer des Seminars, der bereits erwähnte Missionar Carl Büttner, gab hier neben einer Vielzahl von Publikationen wie dem »Hülfsbüchlein für den ersten Unterricht in der Suaheli-Sprache« (1887) – eine Bearbeitung von Steeres »Swahili Exercises« (1878) – kurzzeitig die *Zeitschrift für afrikanische Sprachen* heraus, die deutschen Missionaren, Gelehrten und Kolonialpraktikern eine Plattform bot, sich über die Sprachen in den deutschen Kolonien auszutauschen. Daneben veröffentlichte er Anthologien, die Märchen, Gedichte, Lieder, aber auch Briefe, offizielle Schriftstücke, ethnographische und autobiographische Texte sowie Reisebeschreibungen der Lektoren und anderer Afrikaner:innen enthielten.[21]

Büttner erforschte und edierte auch die islamisch geprägte Swahili-Dichtung – eine Arbeit, die Meinhof und Dammann später fortführen würden. So befasste er sich gemeinsam mit den am Seminar tätigen afrikanischen Mitarbeitern Sulaiman bin Said bin Ahmed es-Sorami und Amur bin Nasur il-Omeri mit dem über eintausend Strophen umfassenden Swahili-Epos »Chuo cha Herkal« (Buch des Herakleios, Utendi wa Tambuka), eine Schilderung des Kampfes Mohammeds mit dem oströmischen Kaiser Herakleios, dessen Handschrift der Missionar Johann Ludwig Krapf Mitte des 19. Jahrhunderts nach Halle brachte

19 H. Stoecker: Afrikanistische Lehre und Forschung in Berlin, S. 103–109; H. Stoecker: Afrikanistik in Deutschland, S. 182; S. Pugach: Africa in Translation, S. 68f.; Katrin Bromber: »Verdienste von Lehrern und Lektoren des Seminars für Orientalische Sprachen zu Berlin im Schaffen und Bewahren von Swahili-Wortkunst«, in: Flora Veit-Wild (Hg.): Nicht nur Mythen und Märchen. Afrika-Literaturwissenschaft als Herausforderung, Trier 2003, S. 34–57, hier S. 35f.; Katrin Bromber: »German Colonial Administrators, Swahili Lecturers and the Promotion of Swahili at the Seminar für Orientalische Sprachen in Berlin«, in: Sudanic Africa 15 (2004), S. 39–54, hier S. 39f.

20 H. Stoecker: Afrikanistische Lehre und Forschung in Berlin, S. 103f.

21 S. Pugach: Africa in Translation, S. 65f.; K. Bromber: Verdienste von Lehrern und Lektoren.

(vgl. Kapitel 2.1). Mit dieser editorischen und übersetzerischen Arbeit an Swahili-Manuskripten leiteten Büttner, Said bin Ahmed und Amur bin Nasur eine »era of serious studies of Swahili classical poetry« ein, wie die Dammann-Schülerin Gudrun Miehe als Kennerin der alten Swahili-Dichtung feststellt.[22]

Und auch Carl Meinhof fand schließlich am Berliner Seminar seine Wirkungsstätte. Der pommerische Pastor war selbst zwar kein Missionar, hatte aber durch sein Elternhaus und insbesondere während seines Studiums der Theologie und Germanistik engste Beziehungen zu protestantischen Missionsgesellschaften geknüpft. Seit den 1880er Jahren – auch durch das Aufeinandertreffen mit dem Kameruner Njo Dibone in seiner pommerischen Heimat – beschäftigte er sich mit afrikanischen Sprachen. Mit seinem »Grundriß einer Lautlehre der Bantusprachen« (1899) fand er akademische Anerkennung. Pugach zeigt, wie Meinhofs Werk Missionaren eine effiziente Möglichkeit gab, Bantusprachen zu erlernen und religiöse Literatur in afrikanischen Sprachen zu schaffen. Meinhof wurde die »linguistische Autorität« der Missionare – die Pfarrei in Zizow (Cisowo) wurde das Ziel ihrer Reisen, wo sie eine Schritt-für-Schritt-Anleitung zur Erfassung von Bantusprachen erlernten.[23] Waren Meinhofs Bewerbungen vom Berliner Seminar noch 1898, 1899 und 1900 zurückgewiesen worden, war das allgemeine und politische Interesse an Meinhof schließlich so groß, dass er 1903 eingestellt wurde und seinen Wirkungsort nach Berlin verlegte. Damit ging auch ein Wandel in der Lehre afrikanischer Sprachen am Seminar hin zu wissenschaftlichen und komparatistischen Ansätzen einher.[24]

Das Hamburgische Kolonialinstitut

In Konkurrenz zum Seminar für Orientalische Sprachen entstand in Hamburg 1908 das Kolonialinstitut. Es sollte der kolonialwissenschaftlichen Forschung und der Ausbildung von Kolonialbeamten dienen – eine »complete education in all aspects of colonial life,

22 G. Miehe: Preserving Classical Swahili Poetic Tradition, S. 20–22, Zitat S. 20; K. Bromber: Verdienste von Lehrern und Lektoren.

23 S. Pugach: Africa in Translation, S. 71–80, Zitat S. 75. Vgl. zur Biographie Carl Meinhofs Rainer Hering: »Meinhof, Carl Friedrich Michael«, in: Friedrich W. Bautz/Traugott Bautz (Hg.): Biographisch-Bibliographisches Kirchenlexikon, Bd. 17: Ergänzungen IV, Herzberg 2000, Sp. 921–960.

24 S. Pugach: Africa in Translation, S. 81–84.

from plants to animals to soil to people«.[25] Entstanden war es durch das Zusammentreffen zweier Interessenlagen: einerseits die Pläne des ersten Kolonialstaatssekretärs Bernhard Dernburg, der mithilfe eines effizienteren »wissenschaftlichen Kolonialismus« eine Reformpolitik einleiten wollte. Zum anderen sahen seit langem aktive Befürworter der Errichtung einer Hamburger Universität rund um den Präses der Oberschulbehörde Werner von Melle in einem Kolonialinstitut einen ersten Schritt hin zur Universität. Sie griffen die politischen Debatten in Berlin auf und nutzten sie für ihre Zwecke. So wurde das Kolonialinstitut 1908 »als Gemeinschaftsprojekt des Reichskolonialamtes in Berlin, des Reichsmarineamtes für Kiautschou und des Hamburger Senats gegründet«, die Finanzierung übernahm die Hansestadt. Von der besonderen Anbindung an die Hamburger Wirtschaft zeugen der Kaufmännische Beirat und die Zentralstelle des Kolonialinstituts, die den im Überseehandel tätigen Hamburger Unternehmen als »Dokumentations-, Forschungs- und Auskunftsstelle für alle überseeischen Gebiete« diente.[26]

Das Kolonialinstitut war eine Dachorganisation, dem verschiedene mehr oder weniger auf die Kolonialgebiete ausgerichtete, teils bereits länger bestehende Institute angehörten. Ob afrikanische Sprachen in Konkurrenz zum Berliner Seminar auch am Kolonialinstitut unterrichtet werden sollten, war lange umstritten. Unter anderem auf Betreiben der Handelskammer, des Direktors des Museums für Völkerkunde Georg Thilenius sowie des Orientalisten Carl Heinrich Becker, der bereits auf eigene Faust mit dem Swahili-Unterricht an seinem Orientalistischen Seminar begann, fiel die Entscheidung für eine umfassende Sprachausbildung in Hamburg. Hamburg sollte – Beckers Vorschlag zufolge – die weltweit führende Rolle im Sammeln und Verarbeiten afrikanischen Sprachmaterials einnehmen.[27] Schließlich fand die Afrikanistik ihren Platz am 1909 gegründeten »Seminar für Kolonialspra-

[25] Ebd., S. 117f.

[26] F. Brahm: Wissenschaft und Dekolonisation, S. 47–49, Zitate S. 47 u. S. 49; J. Ruppenthal: Kolonialpolitik der Metropolen?, S. 152–155. Zum Hamburgischen Kolonialinstitut und dessen Gründungsgeschichte vgl. J. Ruppenthal: Kolonialismus als »Wissenschaft und Technik«; Johanna E. Becker: Die Gründung des Deutschen Kolonialinstituts in Hamburg. Zur Vorgeschichte der Hamburgischen Universität. M.A. Universität Hamburg 2005.

[27] J. Ruppenthal: Kolonialpolitik der Metropolen?, S. 152–154; S. Pugach: Africa in Translation, S. 124f.

chen«, dessen langjähriger Direktor und weltweit erster afrikanistischer Lehrstuhlinhaber Carl Meinhof wurde.

Meinhof wurde nicht müde, den »kolonialpolitischen Nutzen« seiner Disziplin in Forschung und Lehre hervorzuheben.[28] So beteiligte er sich etwa an den hitzig geführten sprachpolitischen Debatten, die auf den Kolonialkongressen geführt wurden. In der Frage, ob Deutsch oder indigene afrikanische Sprachen für Schulunterricht und Verwaltung genutzt werden sollten, war Meinhofs Haltung klar: Er stimmte mit den protestantischen Missionsgesellschaften darin überein, dass die Elementarerziehung in afrikanischen Sprachen, nicht auf Deutsch erfolgen sollte. Lernten Schüler – so Meinhof – erstmal Deutsch, »kommen sie sich als halbe Europäer vor, und bei der Neigung des Afrikaners zu Eitelkeit, fangen [sie] dann leicht an, unerträglich zu werden«. Nicht zuletzt um Nutzen und Relevanz der eigenen Disziplin herauszustreichen, stellte Meinhof rückblickend auf den Herero-Nama-Krieg 1910 fest: »Es hat uns viel Geld und viel Blut gekostet, daß die Eingeborenen unsere Sprache so gut kannten und wir die ihre nicht.«[29]

Am Seminar wurden aus dem Reichskolonialamt entsandte Beamte, Missionare und einige Kaufleute von afrikanischen und deutschen Mitarbeiter:innen unterrichtet. Die afrikanischen »eingeborenen Sprachgehilfen« wurden etwa über die Woermann-Firmen, von Schiffen der Deutsch-Ostafrika-Linie, über Völkerschau-Unternehmen oder über Missionsgesellschaften und die Kolonialverwaltung angeworben. Sie arbeiteten in der Lehre, aber auch für die linguistische und philologische Forschung.[30] Im Gegensatz zu Berlin bestanden am Hamburger Seminar umfassende Ressourcen für die Forschung. Hier gründete Meinhof 1910 die älteste bis heute bestehende Fachzeitschrift der Afrikanistik: die *Zeitschrift für Kolonialsprachen*, die durch seine Mitarbeiter:innen redigiert wurde. Afrikanist:innen – akademische wie missionarische – konnten die Publikations-, aber auch die öffentlichkeitswirksamen Vortragsmöglichkeiten des Kolonialinstituts nutzen. So kamen immer wieder Missionare während ihres Urlaubs nach Hamburg, um ihr gesammeltes sprachliches Material mit Meinhof und

28 F. Brahm: Wissenschaft und Dekolonisation, S. 125f. Vgl. etwa Carl Meinhof: »Warum studiert man primitive Sprachen?«, in: Anthropos 2 (1907), S. 755–760.

29 Zitate Meinhofs von 1906 und 1910 nach H. Meyer-Bahlburg/H. E. Wolff: Afrikanische Sprachen in Forschung und Lehre, S. 25 u. S. 21, vgl. auch S. 19–28.

30 S. Pugach: Africa in Translation, S. 129; J. Lukas/Mitarbeiter: Afrikanische Sprachen und Kulturen, S. 151f.; H. Meyer-Bahlburg/H. E. Wolff: Afrikanische Sprachen in Forschung und Lehre, S. 85f.

seinen Mitarbeiter:innen durchzuarbeiten und für den Druck vorzubereiten. Das Hamburger Seminar wurde für Jahrzehnte – so Pugach – zum »meeting point for Africanist scholars from around the world«. Der südafrikanische Afrikanist Gérard Paul Lestrade bezeichnete Hamburg 1946 rückblickend als das »Mecca of the African linguist«.[31]

Institutionalisierung und Bedeutungsverlust in der Weimarer Republik

Mit der Auflösung des Kolonialinstituts 1919 wurden dessen Seminare und Professuren weitestgehend in die neugegründete Hamburgische Universität überführt. Aus Meinhofs »Seminar für Kolonialsprachen« wurde das »Seminar für Afrikanische und Südseesprachen« (ab 1931 »Seminar für Afrikanische Sprachen« nach der Ausgliederung des »Seminars für Indonesische und Südseesprachen«), aus seiner *Zeitschrift für Kolonialsprachen* die *Zeitschrift für Eingeborenen-Sprachen*. Die Universität führte das Erbe des Kolonialinstituts fort und wurde durch das Hochschulgesetz rechtlich verpflichtet, »besonders für die Förderung der Auslands- und Kolonialkunde zu sorgen«. Dieser Verpflichtung kam die Universität etwa durch den »Ausschuß für Auslands- und Kolonialkunde«, dessen afrikanische Abteilung Meinhof (später mit Unterstützung Dammanns) leitete, durch spezielle Studienordnungen für Auslandstudien und den Diplomprüfungen für den Auslandsschuldienst sowie auf Meinhofs Bestrebungen hin ab 1931 auch für den Auslandsmissionsdienst nach.[32] Die Afrikanistik war nun erstmals an einer deutschen Universität institutionalisiert. Dennoch ging das In-

[31] S. Pugach: Africa in Translation, S. 129f., Zitat S. 130, Lestrade zit. n. S. 1; J. Lukas/Mitarbeiter: Afrikanische Sprachen und Kulturen, S. 153; R. Kießling: Ein ganzer Kontinent mit über 1.500 Sprachen, S. 435; H. Meyer-Bahlburg/H. E. Wolff: Afrikanische Sprachen in Forschung und Lehre, S. 139.

[32] Günter Moltmann: »Die »Übersee- und Kolonialkunde« als besondere Aufgabe der Universität«, in: Eckart Krause/Ludwig Huber/Holger Fischer (Hg.): Hochschulalltag im »Dritten Reich«. Die Hamburger Universität 1933–1945, Teil I: Einleitung, Allgemeine Aspekte, Berlin, Hamburg 1991, S. 149–178, hier S. 149–151, Hochschulgesetz zit. n. S. 149; J. Lukas/Mitarbeiter: Afrikanische Sprachen und Kulturen, S. 155f.; F. Brahm: Wissenschaft und Dekolonisation, S. 49f.; R. Hering: Theologische Wissenschaft und »Drittes Reich«, S. 54–57. Vgl. zu den »kolonialen Fundamente[n]« der Universität Jürgen Zimmerer: »Geld, Geist und Wissenschaft. Die kolonialen Fundamente der Hamburger Universität«, in: Rainer Nicolaysen/Eckart Krause/Gunnar B. Zimmermann (Hg.): 100 Jahre Universität Hamburg. Studien zur Hamburger Universitäts- und Wissen-

teresse an der Lehre und Erforschung afrikanischer Sprachen seitens der Hörer:innen und der Universität mit dem Ende des unmittelbaren praktischen Betätigungszwecks stark zurück und damit stand auch die Finanzierung des Seminars immer wieder zur Debatte.[33]

Der Erste Weltkrieg und der Verlust der Kolonien setzten auch in Berlin einen Einschnitt, wie Holger Stoecker herausarbeitet: Die afrikanistischen Lehrveranstaltungen am Seminar für Orientalische Sprachen, »die in dieser Zeit von oft nicht mehr als ein oder zwei Hörern besucht wurden«, wurden reduziert, die kolonialkundliche Ausbildung eingestellt. So maß das Auswärtige Amt Afrika »für das künftige kurz- und mittelfristige operative außenpolitische Geschäft keine nennenswerte Bedeutung mehr bei«. Doch schien der Erhalt der afrikanischen Sprachlehre aus wissenschaftlichen und längerfristigen politischen und wirtschaftlichen, teils auch aus kolonialrevisionistischen Motiven geboten. Daher wurde bei gleichzeitiger »Abwicklung« am Seminar für Orientalische Sprachen die Afrikanistik auch in Berlin in den »Rang einer universitären Disziplin« gehoben: 1921 berief die Berliner Universität Diedrich Westermann zum außerordentlichen Professor für afrikanische Sprachen, 1925 schließlich zum Ordinarius.[34]

So war die Afrikanistik in der Weimarer Republik in Hamburg und Berlin erstmals an den Universitäten mit der Möglichkeit zur Promotion und Habilitation vertreten. Dass sich das Fach noch in einem Formationsprozess befand, zeigt sich auch daran, dass Meinhof wie Westermann eigentlich die formalen Voraussetzungen für die Berufung auf eine Professur fehlten: beide waren weder promoviert noch habilitiert, der Missionar Westermann konnte auch kein Abitur oder Studium vorweisen.[35] Für die Afrikanistik in der Weimarer Republik ist schließlich mit Stoecker, Brahm und Ruppenthal festzustellen, dass das Fach einerseits insbesondere in der Lehre massiv an Bedeutung sowie gleichzeitig seinen praktischen kolonialen Betätigungszweck und den Zugang zum »Feld« verlor. Andererseits erreichte die Disziplin ihre endgültige Eta-

schaftsgeschichte in vier Bänden, Bd. 1: Allgemeine Aspekte und Entwicklungen, Göttingen 2020, S. 33–55.

33 S. Pugach: Africa in Translation, S. 168; L. Gerhardt: Das Seminar für Afrikanische Sprachen, S. 830; R. Kießling: Ein ganzer Kontinent mit über 1.500 Sprachen, S. 438; L. Gerhardt / R. Kießling / M. Reh: Zur Geschichte der Abteilung für Afrikanistik und Äthiopistik, S. 168.

34 H. Stoecker: Afrikanistische Lehre und Forschung in Berlin, S. 109–113, Zitate S. 109, S. 110 u. S. 112; F. Brahm: Wissenschaft und Dekolonisation, S. 138–140. Vgl. auch A. Eckert: Afrikanische Sprachen und Afrikanistik.

35 F. Brahm: Wissenschaft und Dekolonisation, S. 125, S. 138f. u. S. 186.

blierung an Universitäten mit entsprechend denominierten Professuren, Instituten und Studiengängen. Seine prekäre Stellung konnte das Fach nicht zuletzt durch den Kolonialrevisionismus, in dessen Dienst sich die Afrikanist:innen stellten, aber auch durch das internationale Renommee Meinhofs und Westermanns sichern.[36]

2.3 Meinhofs Afrikanistik zwischen Linguistik, Anthropologie und Philologie

Meinhofs afrikanistische Arbeit war einerseits auf die praktischen Zwecke der Mission und des Kolonialismus ausgerichtet. So finden sich unter seinen Publikationen Lehrbücher für afrikanische Sprachen wie etwa das für den Anfängerunterricht konzipierte »Die Sprache der Suaheli in Deutsch-Ostafrika« (1910) in der von ihm begründeten Reihe »Deutsche Kolonialsprachen«. Dieses Buch löste Büttners mittlerweile veraltetes Lehrbuch ab und erschien in mehreren Auflagen (1928, 1940, 1941). Dabei passte es sich mit der Zeit der im britischen Mandatsgebiet verwendeten Schreibweise an – der Titel blieb allerdings gleich, wenngleich es schon bei der zweiten Auflage kein »Deutsch-Ostafrika« mehr gab.[37] Andererseits ging Meinhofs Interesse weit über die praktischen Anwendungsmöglichkeiten hinaus und schloss an sprachwissenschaftliche und anthropologische Fragestellungen an. Sein Verhältnis zur Linguistik, Anthropologie und Philologie soll im Folgenden anhand seiner zentralen Werke rekonstruiert werden.

Sprachwissenschaft und Anthropologie

Mit dem »Grundriß einer Lautlehre der Bantusprachen« (1899) wollte Meinhof die Erfassung bisher nicht bearbeiteter Bantusprachen erleichtern – auch durch eine beigegebene Anleitung für die Erstaufnahme »aus dem Munde der Eingeborenen«. Als Beispiele wählte er, »um dem praktischen Bedürfnis in den deutschen Kolonien zu dienen«,

36 H. Stoecker: Afrikanistische Lehre und Forschung in Berlin, S. 127f.; H. Stoecker: Afrikanistik in Deutschland, S. 185; F. Brahm: Wissenschaft und Dekolonisation, S. 23, S. 86, S. 138 u. S. 186; J. Ruppenthal: Kolonialpolitik der Metropolen?, S. 172.

37 Carl Meinhof: Die Sprache der Suaheli in Deutsch-Ostafrika (= Deutsche Kolonialsprachen, Band 2), Berlin 1940 [1910].

eine Auswahl der in diesen gesprochenen Sprachen, darunter Swahili, Herero und Duala.[38] Doch stellte Meinhof das sprachwissenschaftliche Interesse in den Vordergrund seiner Untersuchung. Er wollte Ordnung in eine »Flut von Einzelforschungen« bringen. Man dürfe sich »nicht eher beruhigen [...], als bis das ganze Sprachgebäude klar erkannt ist«. Dazu konstruierte er für die Bantusprachen ein übergreifendes System und eine gemeinsame hypothetische Ursprache: das »Ur-Bantu«, auf das alle Sprachen dieser Familie zurückzuverfolgen seien. Damit sollte die Voraussetzung geschaffen werden, Erkenntnisse über die »Beziehung des Bantu zu den Südseesprachen und den indogermanischen Sprachen« zu ziehen.[39] Diese Arbeit führte Meinhof mit seiner »vergleichenden Grammatik der Bantusprachen« (1906) fort, in der er einerseits auf »methodische Gründlichkeit« und »exakte Erforschung« – in Abgrenzung zu den missionarischen Vorarbeiten – beharrte und andererseits mit der Kürze und dem Fokus auf die in den deutschen Kolonien gesprochenen Bantusprachen ein Buch schaffen wollte, »das man auch in Afrikas Sonne mit frischem Mut bis zu Ende liest«.[40]

Mit seinen über praktische Zwecke hinausgehenden Fragestellungen knüpfte Meinhof an die historisch-vergleichende Sprachwissenschaft an, die sich seit dem 19. Jahrhundert mit der Klassifikation von Sprachen, deren Verwandtschaft und Herkunft beschäftigte sowie »Ursprachen« wie das »Urindogermanische« zu rekonstruieren versuchte. Hier wird heute »Meinhofs herausragende Leistung« gesehen, wie es der Hamburger Afrikanist Roland Kießling kürzlich würdigte: Diese bestehe darin, dass es Meinhof gelang, »afrikanische Sprachen in die vergleichende sprachwissenschaftliche Forschung einzuführen und ihnen zu wissenschaftlicher Würde zu verhelfen, indem er zeigte, dass sie nach denselben Prinzipien des Sprachwandels funktionierten, wie sie in den Sprachen mit langer Schrifttradition zu beobachten sind«.[41]

Mit dem 13 Jahre nach dem »Grundriß« in den »Abhandlungen des Hamburgischen Kolonialinstituts« erschienenen Werk »Die Sprache

[38] Carl Meinhof: Grundriß einer Lautlehre der Bantusprachen nebst Anleitung zur Aufnahme von Bantusprachen (= Abhandlungen für die Kunde des Morgenlandes, Band 11,2), Leipzig 1899, S. vf.

[39] Ebd.

[40] Carl Meinhof: Grundzüge einer vergleichenden Grammatik der Bantusprachen, Hamburg 1948 [1906], S. 7 (Vorwort zur ersten Auflage 1906).

[41] R. Kießling: Ein ganzer Kontinent mit über 1.500 Sprachen, S. 436; zuvor L. Gerhardt/R. Kießling/M. Reh: Zur Geschichte der Abteilung für Afrikanistik und Äthiopistik, S. 166; H. Meyer-Bahlburg/H. E. Wolff: Afrikanische Sprachen in Forschung und Lehre, S. 139.

der Hamiten« (1912) wandte sich Meinhof einer anderen Sprachgruppe zu: den »hamitischen« Sprachen, die er von den Bantusprachen und den Sudansprachen abgrenzte und dabei linguistische und rassenanthropologische Ansätze verknüpfte. Während die Sudansprachen die ursprünglichen Sprachen der schwarzen Afrikaner:innen gewesen seien, würden die Hamitensprachen von der »hellfarbigen, lockenhaarigen Rasse« gesprochen, die sich »somatisch und linguistisch« von ersterer durch ihre »Zugehörigkeit zur kaukasischen Rasse« unterscheide. Die Bantusprachen, die dritte Sprachgruppe in Meinhofs Sprachtypologie, seien möglicherweise durch die Präsenz von »hamitische[n] Stämme[n] als Herrenvolk unter dunkelfarbigen, anderssprachigen Völkern« entstanden, wobei »Blut« und »Sprache« durchmischt worden seien. Die phonetischen, grammatischen und lexikalischen Charakteristika der »hamitischen« Sprachfamilie versuchte Meinhof nun analog zu den Bantusprachen zu bestimmen, auch um die Grundlage für einen späteren Sprachvergleich zu legen.[42]

Damit knüpfte Meinhof an die »Hamitentheorie« an, die zur Erklärung afrikanischen Kulturwandels herangezogen wurde. Dieser zufolge sei die Einführung kulturell ›fortschrittlicher‹ Phänomene im subsaharischen Afrika nicht durch endogene Prozesse oder wechselseitigen Kulturaustausch zu erklären, sondern durch die Einwanderung hellhäutiger »Hamiten«, die aus dem Norden Afrikas, dem Kaukasus oder dem Nahen Osten überlegene Wirtschaftstechniken und Sprachen mitbrächten.[43] Dabei ließ sich Meinhof durch den in Berlin wirkenden Anthropologen Felix von Luschan unterstützen. In einer »Beigabe« glich dieser Meinhofs linguistische Erkenntnisse mit seinen eigenen anthropologischen ab: Anhand von Daten wie dem »Längenbreiten-Index« des Schädels oder der Haarstruktur versuchte er, für verschiedene Ethnien den Grad »hamitischen« Einflusses nachzuweisen und den »anthropologischen Typus« der Hamiten von dem der »wirkliche[n] dunkle[n] Afrikaner[n]« zu unterscheiden.[44]

Während die Erkenntnis um die enge Verwandtschaft der Bantusprachen nach wie vor gültiger Wissensstand der Afrikanistik ist – klassifikatorisch ist die nach Zahl der Sprecher:innen größte Sprachgruppe

[42] Carl Meinhof: Die Sprachen der Hamiten (nebst einer Beigabe: Hamitische Typen von Felix von Luschan) (= Abhandlungen des Hamburgischen Kolonialinstituts, Band 9), Hamburg 1912, S. vii–ix u. S. 2.

[43] S. Pugach: Africa in Translation, S. 35.

[44] C. Meinhof: Die Sprachen der Hamiten, S. 241–256 (Felix von Luschan: Hamitische Typen), Zitat S. 242.

der Bantusprachen heute eine Untergruppe der Niger-Kongo-Sprachfamilie –, wurden Meinhofs Annahmen über »hamitische« Sprachen insbesondere nach dem Zweiten Weltkrieg als unhaltbar zurückgewiesen. Meinhofs Vermischung von linguistischen und anthropologischen Annahmen, »ein bizarres Kind von kolonialpolitischer Mutter und rassistisch-chauvinistischem Vater«, stünde »[i]n krassen Kontrast zu seinen innovativen Leistungen in der Bantuistik«. Meinhof habe sich »doch nicht vom Zeitgeist befreien« können, konstatiert Kießling.[45] Ähnlich hat Ludwig Gerhardt einige Jahrzehnte zuvor gewarnt, dass durch die Annahmen über »hamitische« Sprachen der »wichtige emanzipatorische Aspekt des Schaffens von Meinhof [...] in der heutigen Zeit oft übersehen zu werden« drohe.[46]

Diese Bewertung der Forschungen zu »hamitischen« Sprachen als rassistischer Ausrutscher im Werk des Afrikanisten wirft grundsätzliche Fragen nach Meinhofs Ansichten über Afrikaner:innen auf. Pugach zeichnet nach, wie Meinhofs Denken in erster Linie von paternalistischen Zivilisierungsvorstellungen geprägt war, wie sie auch in der Mission verbreitet waren. Danach stünden Menschen auf unterschiedlichen zivilisatorischen Stufen. Die meisten Afrikaner:innen waren für ihn unzivilisiert und benötigten europäische Führung. Innerhalb des christlichen Gefüges wären sie in der Lage, sich zu gleichrangigen Menschen zu entwickeln. Solche Vorstellungen wurden zunehmend verwoben mit biologistisch-rassistischen Annahmen, wie die Zusammenarbeit Meinhofs mit Luschan zeigt.[47] Diese Ansichten vom Zusammenhang von Sprachen, Ethnien und Herkunft wurden auch von weißen Südafrikanern rezipiert und bei Fragen der Bevölkerungspolitik praktisch genutzt. Direkte Beziehungen ergaben sich dadurch, dass Hamburg zum Studienort südafrikanischer Afrikanisten wurde – Werner Eiselen, der spätere Entwickler der »Bantuerziehung« im süd-

45 R. Kießling: Ein ganzer Kontinent mit über 1.500 Sprachen, S. 436; zuvor L. Gerhardt/R. Kießling/M. Reh: Zur Geschichte der Abteilung für Afrikanistik und Äthiopistik, S. 166.

46 H. Meyer-Bahlburg/H. E. Wolff: Afrikanische Sprachen in Forschung und Lehre, S. 139.

47 S. Pugach: Africa in Translation, S. 85–88. Vgl. zur Vorstellung von »Zivilisierung« und deren Zusammenhang zu Rassismus Boris Barth/Jürgen Osterhammel (Hg.): Zivilisierungsmissionen. Imperiale Weltverbesserung seit dem 18. Jahrhundert (= Historische Kulturwissenschaft, Band 6), Konstanz 2005.

afrikanischen Apartheidsystem, promovierte als Erster überhaupt bei Meinhof im Fach Afrikanistik.[48]

Linguistik und Philologie

So galt Meinhofs Interesse einerseits der Linguistik und ihren Fragen nach Systematik, Entstehung und Wandel von Sprachen. Doch widmeten sich frühe Afrikanisten – und das wird in Darstellungen der Geschichte der Disziplin oft übergangen – mit ähnlichem Eifer der afrikanischen Literatur und insbesondere mündlich tradierter Oratur, die sie philologisch erforschten. Zunächst grenzte Meinhof die Afrikanistik jedoch als Linguistik von den auf Schriftsprachen fokussierten Philologien ab, wie er 1907 in seinem Aufsatz »Warum studiert man primitive Sprachen?« darlegte: Dadurch, dass die gesprochene Sprache ursprünglicher sei als deren Verschriftlichung, sei der linguistische Standpunkt, nicht der philologische, der »rein wissenschaftlich berechtigte«. Beginnen solle die Linguistik mit den »primitiven Sprachen« ohne schriftliche Tradition, denn diese seien »relativ geschichtslos« und von standardisierenden Eingriffen in die Grammatik noch verschont geblieben. So könne man an ihnen »ganz ungestört von gelehrten Irrungen das Wesen der menschlichen Rede« begreifen. Dafür müsse sich der Sprachwissenschaftler mit den Methoden der Phonetik vertraut machen, um »gesprochene Laute mit dem Ohr auf[zu]fassen und zu fixieren«.[49]

Die von Meinhof hervorgehobene Rolle der Phonetik als Grundlage der Linguistik erfüllte er praktisch, als er kurz nach seiner Ankunft in Hamburg 1910 ein Phonetisches Laboratorium an seinem Seminar gründete. Dieses stand fortan insbesondere der afrikanistischen Lehre und Forschung zur Verfügung, erlangte allerdings auch für sich wissenschaftsgeschichtlich Bedeutung. So war Hamburg 1914 Ort des ersten Internationalen Kongresses für experimentelle Phonetik und es bestand hier 1919 nicht nur zum ersten Mal in Deutschland die Möglichkeit, in Afrikanistik zu promovieren, sondern auch in Phonetik.[50] Die Linguistik, wie sie von Meinhof als Afrikanistik vertreten wurde,

[48] S. Pugach: Africa in Translation, S. 88f., S. 162, S. 173 u. S. 178–180; R. Kießling: Ein ganzer Kontinent mit über 1.500 Sprachen, S. 438.

[49] C. Meinhof: Warum studiert man primitive Sprachen?, S. 756–758.

[50] Giulio Panconcelli-Calzia: Geschichtszahlen der Phonetik. Quellenatlas der Phonetik (= Studies in the History of the Language Sciences, Band 16), Amsterdam, Philadelphia 1994 [1940/41], S. 77f.

näherte sich den Naturwissenschaften an. Das Seminar nutzte das Labor für die Lehre, indem Studierende durch Zuhören und Beobachten der Artikulation der afrikanischen »Sprachgehilfen« Laute nachahmten. Für die Forschung wurden für deutsche Ohren unbekannte Laute erfasst und bestimmt: Mit Methoden wie dem Messen von Vibrationen, dem Röntgen des Zwerchfells und des Kehlkopfs sowie dem maschinellen Erfassen und graphischen Visualisieren von Luftströmen sollten Laute afrikanischer Sprachen ergründet und einheitlich transkribiert werden.[51]

So war Meinhof einerseits der Linguist, der sich mit der trockenen, technischen Abfassung von Lautlehren, Grammatiken und Wörterbüchern befasste und Untersuchungen mit naturwissenschaftlichen Methoden der experimentellen Phonetik voranbrachte. Andererseits beschäftigte er sich mit der Sammlung und Edition afrikanischer Oratur und Literatur – damit führte er die Arbeit der Missionare und seines Berliner Vorgängers Büttner fort. Mit seinem Buch »Die Dichtung der Afrikaner« (1911), das auf eine gut besuchte öffentliche Vortragsreihe im Rahmen des Allgemeinen Vorlesungswesen zurückging,[52] überreichte Meinhof den »Freunde[n] Afrikas und der Afrikaner« einen »Strauß« an Texten, die Missionare in Afrika aufgezeichnet hatten. Indem sich die Leser:innen »in diese uns so fremde Welt vertiefen«, hoffte Meinhof, dass »die dunkle Rasse uns menschlich näher treten« könne.[53]

Neben diesem nicht allzu wissenschaftlich auftretenden »Strauß« veröffentlichte Meinhof auch streng wissenschaftliche philologische Arbeiten, so etwa die von seinem Mentor Büttner nicht mehr beendete Arbeit am »Chuo cha Herkal«, mit der er später auch Dammann betrauen sollte. Die Edition, der das von Johann Ludwig Krapf in Ostafrika erworbene, 1007 Strophen umfassende Manuskript zugrunde lag (vgl. Kapitel 2.1 und 2.2), veröffentlichte er im zweiten Band seiner *Zeitschrift für Kolonialsprachen* auf die vier Hefte des Jahrgangs aufgeteilt. Er hatte dazu die ihm von Büttner bis zur 417. Strophe vererbte Übersetzung durchgesehen und übersetzte und annotierte gemeinsam mit seinem »sachkundigen Gehilfen« Mtoro bin Mwinyi Bakari den

51 S. Pugach: Africa in Translation, S. 130–140; J. Lukas/Mitarbeiter: Afrikanische Sprachen und Kulturen, 150f.

52 L. Gerhardt/R. Kießling/M. Reh: Zur Geschichte der Abteilung für Afrikanistik und Äthiopistik, S. 166f.; S. Pugach: Africa in Translation, S. 129f.

53 Carl Meinhof: Die Dichtung der Afrikaner. Hamburgische Vorträge, Berlin 1911, S. 5.

Rest des Epos.[54] Mit der Sammlung und Veröffentlichung afrikanischer Oratur und Literatur stand Meinhof in der Tradition der Missionare, die mündlich überlieferte Geschichten aufzeichneten und veröffentlichten, »in order to acquire the fullest possible picture of each specific universe« einer afrikanischen Gesellschaft.[55] An diese Traditionslinie knüpfte auch Meinhofs Schüler Ernst Dammann an, der seinen Platz in der sich formierenden Afrikanistik fand.

54 Carl G. Büttner/Carl Meinhof: »Chuo cha Herkal. Das Buch von Herkal. Transkribiert und übersetzt von Dr. C. G. Büttner, weiland Lehrer des Suaheli am Seminar für orientalische Sprachen zu Berlin. Herausgegeben von Carl Meinhof«, in: Zeitschrift für Kolonialsprachen 2 (1911), S. 1–36, S. 108–136, S. 194–232 u. S. 261–296.

55 S. Pugach: Africa in Translation, S. 93.

3 Mission und Afrikanistik in Hamburg und der ehemaligen Kolonie

Ernst Dammanns Interesse an Afrika und den deutschen Kolonien wurde laut seiner Autobiographie von drei Faktoren beeinflusst: Zum einen dadurch, dass sein Vater 1908 beim Bau der Mittellandbahn von Dar es Salaam nach Kigoma in Deutsch-Ostafrika mitarbeitete. Durch Kolonialromane und Briefmarken aus den »Schutzgebieten« begeisterte sich der Sohn fortan für die Kolonien. Zum zweiten hatte er seit frühester Jugend in seiner Pinneberger Heimat Kontakt zur Mission. Zuhause lagen Missionszeitschriften und er lernte den aus Ostafrika zurückgekehrten Breklumer Missionar Walther Bock kennen, der ihm im Alter von 14 Jahren sein erstes Swahili-Wörterbuch schenkte. Auf einem Pinneberger Missionarsfest sah er 1919 auch erstmals Carl Meinhof, der dort Predigt und Vortrag hielt. »Schließlich waren es auch Faktoren der Politik, die den heranwachsenden Gymnasiasten beeinflußten.« Die von den Siegern des Ersten Weltkriegs festgestellte Unfähigkeit Deutschlands, Kolonien zu beherrschen, empfand Dammann – damals und bis ins hohe Alter – als himmelschreiende Ungerechtigkeit. Er bewunderte den Kommandeur der »Schutztruppe« Paul von Lettow-Vorbeck, der nach seinen Kämpfen in Ostafrika zur Identifikationsfigur des Kolonialrevisionismus in der Weimarer Republik und im Nationalsozialismus wurde.[1]

1923 begann Dammann sein Studium der Theologie und orientalischer Sprachen, das ihn von Kiel über Hamburg nach Berlin und schließlich wieder zurück nach Kiel führte. In seinem Semester in Hamburg belegte er afrikanische Sprachkurse in Herero, Ewe und Vai bei Meinhof und anderen Hamburger Afrikanist:innen. In Berlin führte er seine afrikanistischen Studien bei Westermann fort, bevor er schließlich in Kiel seine beiden theologischen Examen ablegte und mit einer orientalistischen Dissertation promovierte. Seine Verbindung zum Hamburger Seminar und zu Meinhof hielt er aufrecht – insbesondere in den Semesterferien, die er in Pinneberg verbrachte, von wo aus

1 E. Dammann: 70 Jahre erlebte Afrikanistik, S. 11–15, Zitat S. 14f. Vgl. zu Lettow-Vorbeck Uwe Schulte-Varendorff: Kolonialheld für Kaiser und Führer. General Lettow-Vorbeck. Mythos und Wirklichkeit (= Schlaglichter der Kolonialgeschichte, Band 5), Berlin 2006.

er immer wieder an das Hamburger Seminar reiste. So kam es, dass er bereits 1926 auf Anfrage des Seminars einem Arzt Privatunterricht in Swahili erteilte.[2] Daneben lud er Hamburger Afrikanisten – neben Meinhof unter anderem Otto Dempwolff, die Nummer zwei am Seminar – zu Vorträgen in seinem Kieler Missionsstudienkreis ein.[3] Damit deutet sich bereits an, welche Bedeutung das Zusammenspiel von Mission und Afrikanistik für Dammann persönlich wie auch für die Hamburger Afrikanistik im Ganzen hatte.

3.1 Mission und Afrikanistik in Hamburg

Dammanns Einstellung und die Suche nach einem praktischen Nutzen

Dammanns Kontakt zu Meinhof brachte ihm nach Abschluss seines Studiums eine Stelle am Hamburger Seminar ein. So erfolgte seine dortige Anstellung nach seinem zweiten theologischen Examen und der Dissertation zu »Beiträge[n] aus arabischen Quellen zur Kenntnis des negerischen Afrika« (1929), die Meinhof wohlwollend in der *Kolonialen Rundschau* besprach.[4] Wie ihr Verhältnis, eine Art (groß-)väterliche Freundschaft, entstand, ist nicht mehr nachzuvollziehen. Gewiss spielte das gemeinsame Engagement für die Mission eine Rolle. Bereits zu Beginn von Dammanns Tätigkeit am Seminar bezeichnete Meinhof seinen Schüler gegenüber Dritten als »meinen guten Freund«. Einige Jahre später, als Meinhof mit fast achtzig Jahren emeritiert wurde, wollte er – so zumindest in Dammanns Erinnerung – von ihm als »Onkel Carl« angesprochen werden.[5]

Der Wechsel Dammanns an die Hamburgische Universität wurde

[2] E. Dammann: 70 Jahre erlebte Afrikanistik, S. 16–33; StA HH, 364-13 Abl. 2002/04-86: Meinhof an Hochschulbehörde Hamburg, 27.12.1929.

[3] StA HH, 364-13 Abl. 2002/04-86: Dempwolff an Dammann, Kiel, 22.10.1929. Vgl. zu Dempwolff Carl Meinhof: »Otto Dempwolff« [Nachruf], in: Zeitschrift für Eingeborenen-Sprachen 29 (1938/39), S. 81; Rainer Hering: »Dempwolff, Otto Heinrich August Louis«, in: Franklin Kopitzsch/Dirk Brietzke (Hg.): Hamburgische Biografie. Personenlexikon, Bd. 7, Göttingen 2019, S. 65f.

[4] StA HH, 364-13 Abl. 2002/04-86: Ramsay, Schriftleitung Übersee- und Kolonial-Zeitung. Deutsche Kolonialzeitung, Berlin, an Meinhof, 24.12.1929; Meinhof an Ramsay, Berlin, 28.12.1929; 3.1.1930.

[5] E. Dammann: 70 Jahre erlebte Afrikanistik, S. 101.

möglich, als die Afrikanistin Maria von Tiling, eine Lehrerin, die Meinhof 1916 auf einem Missionsfest traf und ans Seminar holte, ihre Stelle verließ. Sie war einst als Anwärterin für Meinhofs Nachfolge gehandelt worden.[6] Nun, nachdem sie August Klingenheben, den späteren Nachfolger Meinhofs, geheiratet hatte, musste sie aus dem Seminar ausscheiden, weil sie – wie Meinhof schrieb – »in ihrem Haushalt genügend beschäftigt ist und nicht mehr Zeit findet zu dieser dienstlichen Tätigkeit«.[7] Dammann sollte die Lücke füllen, die durch Tilings Weggang entstand: insbesondere die Lehre im Swahili und Zulu sollte er ab Mai 1930 übernehmen. Meinhof ging jedoch nicht davon aus, dass Dammann eine akademische Karriere einschlagen würde. Die »bescheidene« Stellung als wissenschaftlicher Hilfsarbeiter sollte vielmehr einen Übergang darstellen. Er sollte sich einige Jahre mit der afrikanistischen Sprachforschung beschäftigen, um dann »in einem geistlichen Amt in der Heimat oder in der Mission« zu arbeiten.[8]

Doch die Einstellung lief nicht so glatt, wie es sich Meinhof und Dammann erhofft hatten. Anfang Januar 1930 lehnte die Hamburger Hochschulbehörde Meinhofs Antrag wegen »Sparmaßnahmen des Senats« angesichts der Finanzkrise ab – die freiwerdende Stelle sollte nicht nachbesetzt werden.[9] Durch die angekündigte Kürzung der personellen Ausstattung des Seminars sah Meinhof sein Vorhaben in Gefahr, der Afrikanistik wieder einen stärkeren Praxisbezug durch die Ausbildung von Missionar:innen in Hamburg zu verschaffen. Er wandte sich daher umgehend an den Missionsdirektor Walter Freytag, um ihn mitzuteilen, dass durch die Nichteinstellung Dammanns »unsere Pläne in bezug auf die Ausbildung der afrikanischen Missionare auf das empfindlichste gestört« werden, und bat ihn, gemeinsam gegen die Entscheidung vorzugehen.[10] Mit Freytag und dessen Vorgänger Martin Schlunk, die neben ihren Ämtern als Missionsdirektoren der hansestädtischen Kirchen auch die Missionswissenschaft an der Universität vertraten, pflegte Meinhof enge Beziehungen. Seit seiner

6 F.-T. Günther: Afrika- und Lateinamerikaforschung in Deutschland, S. 210. Vgl. zu Klingenheben-von Tiling Horst Kalthoff: »Klingenheben-von Tiling, Maria«, in: Friedrich W. Bautz/Traugott Bautz (Hg.): Biographisch-Bibliographisches Kirchenlexikon, Bd. 26: Ergänzungen XIII, Nordhausen 2006, Sp. 774–776.

7 StA HH, 364-13 Abl. 2002/04-86: Meinhof an Missionsdirektor Freytag, Hamburg, 13.1.1930.

8 Ebd.: Meinhof an Dammann, Kiel, 12.12.1929; Meinhof an Hochschulbehörde Hamburg, 27.12.1929.

9 Ebd.: Hochschulbehörde Hamburg an Meinhof, 8.1.1930.

10 Ebd.: Meinhof an Missionsdirektor Freytag, Hamburg, 13.1.1930.

Berufung nach Hamburg 1909 setzte er sich auf verschiedenste Weise für ein umfangreiches Lehrangebot für Missionare am Kolonialinstitut und dann an der Universität ein. Hamburg sollte die »zentrale Ausbildungsstätte« für Missionare werden.[11]

Diese Planungen sah Meinhof durch die Entscheidung der Behörde gefährdet und legte Einspruch ein. Er beklagte den Niedergang der Hamburger Afrikanistik durch Einsparungen. Das Seminar drohe, die ihm gestellten Aufgaben bald nicht mehr erfüllen zu können. Meinhof verwies auf die vielfältigen »Gutachten und Auskünfte«, die »von Kaufleuten, Missionsgesellschaften, Kolonialregierungen und Wissenschaftlern verlangt werden«. Konkret wurde Meinhof beim Nutzen für die Mission, den er der Hochschulbehörde als Standortfrage präsentierte: Nach der Wiederzulassung deutscher Missionare in großen Teilen Afrikas würden sich diese nun wieder auf den Dienst in den Kolonien vorbereiten. Somit sei »jetzt mit einer stetig steigenden Anzahl von Hörern aus Missionskreisen zu rechnen«. Die evangelischen Missionsgesellschaften erwögen, ihre Ausbildung entweder nach Hamburg oder nach Tübingen zu verlegen. »Es würde aber die Entscheidung für Hamburg in Frage stellen, wenn Herr Dr. Freytag erklären müsste, dass die in den Vorlesungsverzeichnissen angekündigten Lehrgegenstände für Hamburg nicht mehr alle in Frage kommen.« So müsse Dammann eingestellt werden, um ein Prestigeverlust für Hamburg abzuwenden.[12] Der Einspruch hatte Erfolg: Die Hochschulbehörde stimmte Anfang Februar 1930 der Einstellung Dammanns als wissenschaftlicher Hilfsarbeiter zunächst für zwei Jahre zu.[13]

Das als sicher dargestellte ansteigende Interesse der Missionsgesellschaften ermöglichte somit die Beschäftigung Dammanns. Die Werbetouren, die dieser in den folgenden Jahren in Meinhofs Auftrag für das Hamburger Seminar unternahm, machen jedoch einen anderen Eindruck als den von Meinhof geschilderten. Dammann reiste zu Tagungen der Missionsgesellschaften, um dort auf die Lehre am Hamburger Seminar und auf Meinhofs *Zeitschrift für Eingeborenen-Sprachen* hinzuweisen. Es war nicht so, dass Missionare zuhauf in das Seminar strömten. Eher akquirierte Dammann einzelne Missionsschüler:innen

[11] R. Hering: Theologische Wissenschaft und »Drittes Reich«, S. 35–59, Zitat S. 37. Vgl. auch Ernst Dammann: »Hamburger Missionswissenschaft«, in: Albert Kolb (Hg.): Hamburger Forschungen in Afrika, Hamburg 1965, S. 181–198.

[12] StA HH, 364-13 Abl. 2002/04-86: Meinhof and Hochschulbehörde Hamburg, 15.1.1930.

[13] Ebd.: Hochschulbehörde Hamburg an Meinhof, 5.2.1930.

für das Seminar und sprach bei der Gelegenheit über die »Schwierigkeiten bei Bibelübersetzungen« oder die Bedeutung der »Kenntnis des heidnischen Volkstums für die rechte Verkündigung des Evangeliums«. So vermeldete er Meinhof nach Rückkehr von einer Missionstagung in Kobbensen stolz, dass ihm der Kodirektor der Hermannsburger Mission im Einzelgespräch zusagte, Missionsschüler senden zu wollen, wenn es die Finanzlage ermöglichte. Dafür müssten am Seminar nun die Vorbereitungen getroffen werden: »Auf jeden Fall scheint es mir daher notwendig, daß wir uns bereit halten, nach Bedarf Sotho, Galla und Amharisch zu unterrichten.« [14] Die Hamburger Afrikanistik hielt sich in den frühen 1930er Jahren bereit, um einzelnen, teils von ihnen selbst angeregten Wünschen der evangelischen Missionsgesellschaften nach afrikanischer Sprachlehre nachzukommen.

Wie die afrikanistische Lehre in diesen Jahren in Hamburg aussah, wird in einem Brief greifbar, den die Sekretärin Emmi Meyer im November 1933 nach Tanga schickte, um Dammann über die Ereignisse am Seminar zu unterrichten. Die spätere Afrikanistik-Professorin hatte für die Zeit seiner Abwesenheit die Swahili-Lehre übernommen:

> *Augenblicklich ist ja Missionar Pönninghaus hier, um Herero zu treiben. Der war zehn Jahre unter den Nama und wird nun von Prof. Dempwolff in dieser Hinsicht bearbeitet. In Herero liest Herr Prof. Meinhof mit Herrn Pönninghaus Texte. Herr Berger und ich nehmen auch teil, und ich arbeite mich ohne Vorkenntnisse, so gut es geht, hinein. Aber so besondere Schwieirgkeiten [sic] bietet das Herero ja nicht. Ausserdem ist noch ein Mann da für Herero, den Herr Prof. Meinhof aber extra genommen hat, Herrn Hauptmann a. D. von Schönberg, ein graues Haupt, das schon in Südwest war, nun wieder 'raus will, vom Bantu keine Ahnung hat und sich dauernd reden hören muss.*
>
> *Seit Ende August biege ich dem jungen Herrn Kotz und seiner Frau, frisch aus New York importiert, Suaheli bei. Sie waren von der Advent-Mission hier avisiert, aber als sie ankamen, war ich etwas entsetzt, als Herr Kotz von seiner Frau sagte: ›doesn't speak German‹. Aber es geht auch so ganz gut. Wir deutsch-suaheliamerikanisieren uns so durch. Die schwierigen Sachen erklärt er ihr zu Hause auf Englisch. Sie lernen es beide sehr gut, aber sie*

[14] Ebd.: Dammann, Pinneberg, an Meinhof, 7.8.1931; vgl. auch Dammann an Freytag, 1.10.1930; Dammann an Hochschulbehörde Hamburg, 23.5.1931.

[sic] müssten bloss mal die amerikanischen Vokale von der jungen Frau Kotz im Suaheli hören!! Die Grammatik haben wir jetzt sozusagen durch und lesen jetzt die relativ einfachen Stellen aus Roehls N.T. [Neuem Testament]. Ausserdem war noch ein anderer junger Mann hier zum Suahelilernen, der es aber anscheinend mit seinem Dienst nicht vereinbaren kann, und ein anderer, der auch schon mehrere Tage nicht erschienen ist, weil er geschäftlich zu viel zu tun hat. Sie sehen also, in unserm Seminar ist nicht allzuviel Betrieb.[15]

Anfang der 1930er Jahre ließ sich die Zahl der Hörer:innen in der Regel wie hier an einer Hand abzählen. Diejenigen, die den Weg ins Seminar fanden – überwiegend Missionar:innen –, waren persönlich bekannt und wurden individuell betreut.

Und nicht nur in der Lehre diente sich die Hamburger Afrikanistik der Mission an. So erhielt Dammann in seinen ersten Tagen am Seminar von Meinhof ein Manuskript des Missionars Wilhelm Blohm über die Nyamwezi in Zentraltanzania, das er mit Hilfe seiner Sprachkenntnisse durcharbeiten und für den Druck vorbereiten sollte. Diese Arbeit, die bereits seine Vorgängerin Tiling angefangen hatte, zog sich seiner Autobiographie zufolge über fast drei Jahre und mündete in einer dreibändigen Monographie.[16]

Eine andere Anfrage erreichte Dammann direkt. Der Arzt Ronnefeldt, dem er als Kieler Student bereits Privatunterricht im Swahili gegeben hatte und der nun in Diensten einer amerikanischen Missionsgesellschaft in Liberia stand, teilte ihm mit, dass dort geplant werde, »unseren gesamten Eingeborenen-Schulbetrieb auf Vai um[zustellen]«. Dazu werde die im Hamburger Seminar entstandene Vai-Grammatik von August Klingenheben genutzt. »Es ist aber nötig, dass jemand, den es wirklich angeht, Vai wissenschaftlich erlernt.« Daher sollte die Stationsleiterin aus Cape Mount nach Hamburg kommen und »sich am afrikanischen Seminar mit Vai voll[saugen]«. Mit ihr würde ein Schuljunge kommen, »der Ihnen dann als Sprachgehilfe dienen kann, und mit dessen Hilfe es auch möglich sein dürfte, die Grundlagen für ein Elementarbuch des Vai zum hiesigen Schulgebrauch zu legen«.[17] In

15 StA HH, 364-13 Abl. 2002/04-221: Meyer an Dammann, Tanga, 11.11.1933.
16 Wilhelm Blohm: Die Nyamwezi, 3 Bde., Hamburg 1931–1933; StA HH, 364-13 Abl. 2002/04-86: Meinhof an Hochschulbehörde Hamburg, 10.3.1932; E. Dammann: 70 Jahre erlebte Afrikanistik, S. 37f.
17 StA HH, 364-13 Abl. 2002/04-86: Dammann, Pinneberg, an Meinhof, 19.9.1931.

Hamburg sollten also die Voraussetzungen für den Schulunterricht der Mission im Vai geschaffen werden. Ob Dammann oder Meinhof auf diesen Plan eingingen, ist unklar. Meinhof leitete die Anfrage jedenfalls an die Hochschulbehörde »für die dortigen Akten« weiter – wohl auch um den praktischen Nutzen seiner Afrikanistik herauszustreichen und so für die Weiterbeschäftigung Dammanns zu argumentieren.

Mission und Afrikanistik im Spiegel der Zeitschrift für Eingeborenen-Sprachen

Neben den Aufgaben in der Lehre und der Unterstützung der Forschung redigierte Dammann mit den anderen Mitarbeiter:innen des Seminars Meinhofs *Zeitschrift für Eingeborenen-Sprachen*, in der er auch so gut wie alle seiner afrikanistischen Publikationen in den nächsten Jahren unterbrachte. Die in den vier Heften im Jahr abgedruckten Texte zeigen, wie afrikanistische Forschung zwischen dem »Missionsfeld« und dem Hamburger Seminar stattfand.

Die linguistischen Aufsätze der Seminarmitglieder und anderer Afrikanist:innen machten nur einen sehr geringen Teil der Beiträge aus. Sie untersuchten grammatikalische Phänomene oder präsentierten die Ergebnisse phonetischer Untersuchungen mit »Sprachgehilfen« in Hamburg. Neben diesen wissenschaftlichen Aufsätzen im engeren Sinne wurden vollständige Grammatiken, Wörterverzeichnisse und Lautlehren aufgezeichneter Sprachen abgedruckt. Diese konnten mehrere hundert Seiten umfassen und wurden meist auf mehrere Hefte aufgeteilt. Die Autor:innen dieser Sprachdarstellungen bisher kaum oder gar nicht erforschter Sprachen waren einerseits Mitglieder des Seminars. So promovierte Emmi Meyer mit einer »Lautlehre des Nyanja«, die in der Zeitschrift veröffentlicht wurde,[18] und nach ihrem Forschungsaufenthalt in Kamerun veröffentlichte sie Lautlehre, Grammatik und Wörterverzeichnis des Mambila.[19] Andererseits und weit häufiger waren die Autor:innen dieser langen dokumentarischen Beiträge Missionare, die mit ihren afrikanischen Informant:innen vor Ort und Meinhofs Anleitung zur Aufzeichnung von Bantusprachen

[18] Emmi Meyer: »Etymologische Lautlehre des Nyanja«, in: Zeitschrift für Eingeborenen-Sprachen 27 (1936/37), S. 1–34, S. 129–155 u. S. 184–211.

[19] Emmi Meyer: »Mambila-Studie«, in: Zeitschrift für Eingeborenen-Sprachen 30 (1939/40), S. 1–52, S. 117–148 u. S. 210–232.

die Grundlagenforschung betrieben und mit Hilfe des Seminars zur Publikation brachten.

Den vom Seitenumfang her größten Teil der Zeitschrift machten jedoch Editionen von Oratur und anderen Sprachproben aus. Zwar sammelte auch Meyer bei ihrer Reise im Kameruner Grasland Märchen im Bali,[20] doch waren es in aller Regel Missionare, die Sprachproben sammelten oder durch ihre afrikanischen Mitarbeiter:innen sammeln ließen, übersetzten, annotierten und nach Hamburg schickten. Neben Sprichwörtern, Rätseln, Märchen, Sagen, Gedichten und Liedern wurden Briefe und eigens für die Veröffentlichung geschriebene ethnographische Texte im Original und in deutscher Übersetzung abgedruckt. Die meisten Texte erschienen unter dem Namen des bearbeitenden Missionars, die Namen der Informant:innen wurden meist, aber nicht immer erwähnt. Nur vereinzelt erschienen Sprachproben unter afrikanischer Autorschaft. Die Anmerkungen zeugen sowohl vom linguistischen Interesse – es werden neue grammatikalische Erkenntnisse an den Sprachproben erläutert – als auch von einem ethnologischen Interesse an den Bräuchen und Vorstellungswelten, die sich in den Texten äußern.

In der *Zeitschrift für Eingeborenen-Sprachen* brachte Ernst Dammann auch seine ersten eigenen afrikanistischen Veröffentlichungen unter: die Übersetzung und Edition von Erzählungen und Sprichwörtern im Vai, einer in Liberia und Sierra Leone gesprochenen Sprache. Die Texte erhielt er von Fatima Massaquoi, der Tochter des liberianischen Generalkonsuls in Hamburg, die auch als »Sprachgehilfin« mit ihm am Seminar Vai unterrichtete. Die Erzählungen übersetzte Dammann zusammen mit ihr und ihrem Freund, dem Afrikanistik-Studenten Richard Heydorn.[21] Die beiden Beiträge erschienen unter Dammanns Namen – wer die Hauptarbeit leistete, kann nicht mehr rekonstruiert werden. Das Honorar für die »Vai-Erzählungen« in Höhe von 45 Reichsmark teilten sich die drei jedenfalls zu gleichen Teilen.[22]

[20] Emmi Meyer: »Märchen in der Balisprache aus dem Grasland von Kamerun«, in: Zeitschrift für Eingeborenen-Sprachen 32 (1941/42), S. 135–160 u. S. 224–236.

[21] Ernst Dammann: »Vai-Erzählungen. Aufgezeichnet und übersetzt von Ernst Dammann«, in: Zeitschrift für Eingeborenen-Sprachen 23 (1932/33), S. 254–278; Ernst Dammann: »Vai-Sprichwörter. Aufgezeichnet und erläutert von Ernst Dammann«, in: Zeitschrift für Eingeborenen-Sprachen 24 (1933/34), S. 76–79.

[22] StA HH, 364-13 Abl. 2002/04-221: Notiz Emmi Meyer, undatiert. Der späteren Professorin und wichtigen Intellektuellen Liberias Fatima Massaquoi und Richard Heydorn, die seit ihrer gemeinsamen Schulzeit an der Jessel'schen Studienanstalt ein Paar waren, haben Iris Groschek und Rainer Hering mit ihrer Dop-

Anwerbungen durch Missionsgesellschaften

Nicht lange nach Dammanns Anstellung am Seminar versuchten Missionsgesellschaften ihn abzuwerben: zuerst die Schleswig-Holsteinische Mission zu Breklum. Deren Missionsdirektor Peter Piening (Dammanns einstiger Konfirmator)[23] bat Meinhof, »uns Dr. Dammann zu überlassen«. Als Missionsinspektor sollte er Seminaristen theologischen und sprachlichen Unterricht geben.[24] Dammann zeigte sich bereit, trotz seiner »Liebe für die Afrikanistik« »ein schweres Opfer« zu bringen, »wenn im Augenblick unsre ganze Missionsgesellschaft in Not ist«. Er fragte Meinhof halb-rhetorisch: »Ist es vom Missionsstandpunkt aus wichtiger, daß ich in Hamburg bleibe oder daß ich nach Breklum gehe? Ich selber glaube, daß ich in Breklum notwendiger gebraucht werde.«[25] Seine Meinung änderte er, als Meinhof bei der Hochschulbehörde eine Gehaltserhöhung für ihn erreichte.[26]

Mindestens eine weitere Anfrage einer Missionsgesellschaft lehnte Dammann ab,[27] bis er schließlich Ende Dezember 1932 der Hochschulbehörde mitteilte, dass er von der Bethel-Mission nach Tanga entsandt würde.[28] Diesmal ließ Meinhof seinen »guten Freund und Mitarbeiter« ziehen, weil – wie er dem Missionsinspektor der Bethel-Mission Curt Ronicke schrieb – »die Tätigkeit, die er in Tanga haben wird, eigentlich die ist, die er jetzt braucht«.[29] Doch nicht nur die Sorge um Dammanns persönliche Entwicklung ließ Meinhof zuversichtlich stimmen: Er hoffte, dass sich Dammanns missionarische und sprachwissenschaftliche Arbeit in der ehemaligen Kolonie gegenseitig befruchten würden. Als »Kenner des Arabischen« sei er »ganz besonders befähigt [...], sich in Ostafrika auch der Mohammedaner anzunehmen, was bisher völlig unterblieben ist, weil keiner der Missionare genügende Kenntnis des

pelbiographie »Fatima und Richard« ein Denkmal gesetzt: Iris Groschek/Rainer Hering: Fatima und Richard. Ein Paar zwischen Deutschland und Afrika (1929–1943), Sulzbach/Taunus 2017.

23 E. Dammann: 70 Jahre erlebte Afrikanistik, S. 46.

24 StA HH, 364-13 Abl. 2002/04-86: Missionsdirektor Piening, Schleswig-Holsteinische ev.-luth. Missionsgesellschaft zu Breklum, Wuppertal-Beyenburg, an Meinhof, 6.10.1930.

25 Ebd.: Dammann, Pinneberg, an Meinhof, 8.10.1930.

26 Ebd.: Meinhof an Hochschulbehörde Hamburg, 22.10.1930; 3.11.1930; Hochschulbehörde Hamburg an Seminar für afrikanische und Südseesprachen, 28.10.1930.

27 Ebd.: Meinhof an Hochschulbehörde Hamburg, 3.11.1930.

28 Ebd.: Dammann an Hochschulbehörde Hamburg, 23.12.1932.

29 Ebd.: Meinhof an Missionsinspektor Ronicke, Bethel, 19.1.1933.

Arabischen und des Islam besass«.[30] Gegenüber der Hochschulbehörde begründete Meinhof die Verlängerung von Dammanns Vertrag bei gleichzeitiger unbezahlter Beurlaubung damit, dass die Missionstätigkeit »durchaus im Interesse des Seminars« liege. Er erwarte von Dammann Erkenntnisse »über den heutigen Stand des Arabertums und des Islam in Ostafrika«, über die Digo-Sprache sowie die »seltsame Sprache der Mbugu in Usambara«. »Seine Tätigkeit für die Mission wird ihn dabei nicht hindern, sondern ihm den Verkehr mit den Eingeborenen wesentlich erleichtern.«[31]

Festzuhalten ist, dass die Hamburger Afrikanistik ihre Lehre zu Beginn der 1930er Jahre an den Bedarfen der Mission ausrichtete, die sie zugleich zu stimulieren versuchte. Die Mission diente als dringend benötigter Praxisbezug in der Argumentation gegenüber der Hochschulbehörde angesichts zunehmender Mittelkürzungen. Erst diese Inanspruchnahme ermöglichte die Anstellung Dammanns im Februar 1930. Wie seit Beginn afrikanistischer Forschung in Berlin und Hamburg arbeitete das Seminar aufs Engste mit den in Afrika befindlichen deutschen Missionaren zusammen, die Sprachmaterial lieferten und mit ihren afrikanischen Mitarbeiter:innen Sprachen dokumentierten. Ernst Dammann verkörperte nun dieses Zusammenspiel, als er 1933 in den Dienst der Bethel-Mission eintrat. Die Tätigkeit als Missionar sollte Dammann die Möglichkeit geben, afrikanistische Sprachforschung über einen längeren Zeitraum vor Ort zu betreiben. Gleichzeitig konnte er die Afrikanistik in den praktischen Dienst missionarischer Arbeit stellen.

3.2 Afrikanistik und Mission in Tanganyika

Die Missionsgesellschaft, in deren Auftrag sich Dammann im Mai 1933 auf den Weg nach Tanganyika machte, war 1886 unter Mitwirkung des Kolonialisten Carl Peters als »Deutsch-Ostafrikanische Missionsgesellschaft« gegründet worden. Ab 1890 arbeitete sie mit den diakonischen Anstalten Friedrich von Bodelschwinghs zusammen und verlegte schließlich 1906 ihren Sitz nach Bethel bei Bielefeld. Ihre Missionare wurden in Dar es Salaam, auf Zanzibar, dann auch in Tanga,

[30] Ebd.: Meinhof an Pastor Reinhard, Hamburg, 27.12.1932; Meinhof an Pastor Ernst Schröder, Altona-Bahrenfeld, 27.12.1932.

[31] Ebd.: Meinhof an Hochschulbehörde Hamburg, 27.12.1932.

in den Usambara-Bergen im Nordosten Tanzanias, in Rwanda und Buhaya tätig. Sie sahen ihre Zuständigkeit sowohl in der geistlichen und medizinischen Versorgung der Deutschen vor Ort als auch in der Bekehrung der afrikanischen Bevölkerung. Neben einem Krankenhaus betrieb die Bethel-Mission Schulen und eine Druckerei. Damit begleitete sie den politischen Herrschaftsanspruch des Deutschen Reichs in der ostafrikanischen Kolonie.

Mit dem Ersten Weltkrieg wurden die deutschen Missionare interniert und ausgewiesen; ihre Arbeit übernahmen meist britische Missionsgesellschaften, aber auch von der Mission ordinierte Afrikaner. Bei der Rückkehr deutscher Missionsgesellschaften in das britische Mandatsgebiet Tanganyika in den 1920er Jahren fanden die Missionare »relativ selbstständige kirchliche Gemeinden bei den afrikanischen Christen« vor, mit denen sie sich nun auseinandersetzen mussten.[32] Im Zuge dieser Rückkehr sollte Dammann nun in der Küstenstadt Tanga die Doppelstellung eines evangelischen Pastors für die deutsche Gemeinde wie auch die Verantwortung für die Mission im Umland Tangas übernehmen. Im Folgenden zeigt sich, wie Dammann die missionarischen und auslandsdeutschen Netzwerke für seine afrikanistische Forschung nutzbar machte.

Mission und auslandsdeutsche Netzwerke im Dienste der Sprachforschung

Nach einem Abschiedsbesuch bei Meinhofs machten sich Ernst Dammann und seine Ehefrau Ruth Ende Mai 1933 mit dem Schiff auf den Weg nach Ostafrika. An Bord trafen sie viele Missionare an. Gleich am zweiten Tag der Reise sei er aufgefordert worden, Swahili-Kurse zu geben, berichtete Dammann Meinhof. »Das habe ich sofort getan und werktäglich bisher je eine Stunde für Anfänger und für Fortgeschrittene gegeben. Außer Kaufleuten und Pflanzern kommen dazu nun die Katholiken in Scharen. So habe ich etwa 20–25 Anfänger und 15–20 Fortgeschrittene.«[33] Begeistert führte er gegenüber Meinhof den neuen Praxisbezug seiner Arbeit aus, der in Hamburg immer nur mühselig

32 H.-K. Treutler: Die Bethel-Mission zwischen 1933 und 1945, S. 11f., Zitat S. 12. Vgl. zur Geschichte der Bethel-Mission G. Menzel: Die Bethel-Mission.

33 StA HH, 364-13 Abl. 2002/04-86: Ernst und Ruth Dammann, Im Roten Meer, an Meinhof, 2.6.1933.

hergestellt werden konnte. Auch Meinhof stellte fest: »Sie haben da also ein grösseres Kolleg gehabt, als Sie es jemals in Hamburg hatten.«[34]

In Tanga angekommen nutzte Dammann die Möglichkeiten, die ihm seine Stellung in der Mission bot, um Sprachforschungen zu betreiben. Er übernahm nun selbst die Rolle des Missionars, der Sprachmaterial aufzeichnete, bearbeitete und ans Hamburger Seminar sandte. Da sein Missionsgebiet das Digoland umfasste, widmete er sich zuerst dieser Sprache, wie er Meinhof im November 1933 mitteilte: »Die Aufnahme des Wortschatzes geht gut vorwärts. Auch habe ich schon eine Reihe von Digomärchen erhalten.« Er hoffe, bald die ersten Texte für die *Zeitschrift für Eingeborenen-Sprachen* nach Hamburg zu senden. Das Digo-Sprachmaterial erhielt Dammann unter anderem von dem zum Christentum konvertierten Digo-Chief Paulo Mwapera und den im Dienste der Mission stehenden Lehrern, die Texte in Dammanns Auftrag aufzeichneten.[35]

Doch sei einer der Lehrer gefährdet, »seine Sprache zu versuahelisieren«. Mit dessen Vater, »der jetzt bei uns Dienste als Laufbursche und Gartenarbeiter tut«, arbeite er nun daran, »die Suahelismen zu beseitigen«. Daran zeigte sich für Dammann die Dringlichkeit, »daß wir uns beeilen müssen, möglichst viel zu sammeln, ehe zu viel altes Gut verloren geht«.[36] In dieser Befürchtung äußert sich seine Idealvorstellung einer reinen Sprache, die es vor den Einwirkungen der Moderne, des Islam oder der Europäer (hier in Form des Swahili) zu retten und – gereinigt von unerwünschtem Sprachwandel – zu bewahren gelte. Es dauerte eine ganze Weile, bis die Digomärchen, nach dem Durcharbeiten mit dem Informanten Yohana Hebu und anderen Lehrern, zur Veröffentlichung gelangten: Ein erster Schub erschien 1935 / 36 aufgetrennt in zwei Heften der Zeitschrift, weitere Texte dann in den nächsten Jahrgängen bis in die 1960er Jahre hinein in der dann *Afrika und Übersee* betitelten Zeitschrift.[37]

[34] Ebd.: Meinhof an Dammann, Tanga, 30.6.1933.

[35] Ebd.: Dammann, Vuga, an Meinhof, 24.11.1933.

[36] Ebd.

[37] Ernst Dammann: »Digo-Märchen. Gesammelt und bearbeitet von Ernst Dammann«, in: Zeitschrift für Eingeborenen-Sprachen 26 (1935/36), S. 81–97 u. S. 202–231; Ernst Dammann: »Erzählungen eines Digo zur Geschichte seines Stammes«, in: Zeitschrift für Eingeborenen-Sprachen 29 (1938/39), S. 293–311; Ernst Dammann: »Digo-Märchen. Gesammelt und bearbeitet von Ernst Dammann«, in: Zeitschrift für Eingeborenen-Sprachen 32 (1941/42), S. 31–58; Ernst Dammann: »Zur Geschichte der Digo«, in: Zeitschrift für Eingeborenen-Sprachen 34 (1943/44), S. 53–69; Ernst Dammann: »Ein Nachtrag zur Geschichte der

Dammann nutzte jede sich ihm bietende Gelegenheit, um Sprachproben aufzunehmen: Auf der Rückreise von einer Missionarskonferenz Anfang 1934 in Dar es Salaam zeichnete er auf der Missionsstation Maneromango von dortigen Lehrern Texte in der Sprache Zaramo auf, eine Sprache, die Meinhof und Dempwolff bereits in der Kolonialzeit untersucht hatten.[38] Dammann griff für seine Sprachforschung jedoch nicht nur auf die Ressourcen der Mission zurück, er nutzte auch die Netzwerke der auslandsdeutschen Gemeinschaft, in der er durch seine Stellung als Pastor der deutschen evangelischen Gemeinde und NSDAP-Ortsgruppenleiter in Tanga gut bekannt war (vgl. dazu Kapitel 4). So zeichnete Dammann Sprachproben im Segeju auf, als er sich Ende Oktober 1934 einige Tage auf der nahe Tanga liegenden Pflanzung Lugongo aufhielt. Deren Besitzer von Zadow ermöglichte es ihm, »mit einigen auf der Pflanzung beschäftigten Segedju sprachlich zu arbeiten«. Ergänzt wurden diese Sprachproben durch einen Aufenthalt auf einer weiteren Pflanzung, der Sisalplantage Kilulu, wo es ihm »durch die freundliche Vermittlung des Pflanzungsleiters, Herrn K. v. Brandis möglich [war], in den dortigen von Segedju besiedelten Dörfern nachzuforschen, ob in ihnen noch Segedju gesprochen würde«.[39]

Eine Reihe weiterer Veröffentlichungen in der *Zeitschrift für Eingeborenen-Sprachen* zeugen davon, wie Dammann seine Verbindungen zu im Umland Tangas ansässigen Deutschen nutzte, um auf deren Plantagen Sprachforschungen zu betreiben. Er sprach mit den afrikanischen Arbeiter:innen, die ihm deutsche »Pflanzungsleiter« »freundlichst zur Verfügung« gestellt hatten.[40] Unter ihnen befand sich auch der Leiter der Kapok-Pflanzung Karimi, auf der Dammann Zigula-Sprichwörter

Digo. Bearbeitet von Ernst Dammann«, in: Afrika und Übersee 44 (1960), S. 37–40; Ernst Dammann: »Schwangerschaft, Geburt und Aufzucht der Kleinkinder bei den Digo«, in: Afrika und Übersee 44 (1960), S. 93–109. Nach Dammanns Wechsel an die Humboldt-Universität erschienen Digo-Sprachproben auch in den Mitteilungen des zur Akademie der Wissenschaften der DDR gehörenden Instituts für Orientforschung: Ernst Dammann: »Tiergeschichten der Digo«, in: Mitteilungen des Instituts für Orientforschung 6 (1958), S. 406–454.

38 Ernst Dammann: »Zur Kenntnis des Zaramo«, in: Zeitschrift für Eingeborenen-Sprachen 25 (1934/35), S. 135–147, hier S. 135f.

39 Ernst Dammann: »Sprachproben aus dem Segedju«, in: Zeitschrift für Eingeborenen-Sprachen 27 (1936/37), S. 223–233, hier S. 223 u. S. 231.

40 Ernst Dammann: »Sprichwörter der Zigula. Gesammelt und bearbeitet von Ernst Dammann«, in: Zeitschrift für Eingeborenen-Sprachen 29 (1938/39), S. 71–76, hier S. 71; vgl. Ernst Dammann: »Bonde-Erzählungen. Gesammelt und bearbeitet von Ernst Dammann«, in: Zeitschrift für Eingeborenen-Sprachen 28 (1937/38), S. 299–318; Ernst Dammann: »Zigula-Märchen. Aufgezeichnet und bearbeitet

aufzeichnete: Walter von Geldern-Crispendorf. Dessen Name taucht auch auf Einladungen Dammanns als NSDAP-Ortsgruppenleiter und Pastor zu einem Feldgottesdienst auf. Darin wird für die Erstellung eines Verzeichnisses deutscher Gräber in Ostafrika »jeder, der ausserhalb Tangas von einem deutschen Grabe weiss«, aufgerufen, Geldern-Crispendorf davon zu unterrichten. Dieses Beispiel gibt einen Einblick in die Netzwerke der deutschen Gemeinschaft in Tanganyika, auf die Dammann für seine Sprachforschung zurückgreifen konnte.[41]

Darüber hinaus versuchte Dammann, die deutschen Siedler aktiv in seine afrikanistische Sammeltätigkeit einzubinden. In einem Beitrag für *Das Hochland*, die Zeitschrift des Deutschen Bundes in Tanganyika, wies Dammann auf die Verdienste der deutschen Wissenschaft um die Erforschung ostafrikanischer Sprachen hin (vgl. dazu Kapitel 5). In diesem Zusammenhang forderte der Afrikanist die Deutschen auf, selbst tätig zu werden:

> *Wer eine diesbezügliche Vorbildung aufweist, möge sich gerade der Tätigkeit, Texte aufzunehmen, widmen. Es gibt sicher eine Anzahl Idiome kleinerer Stämme, die vielleicht in nicht zu ferner Zeit vom Suaheli oder anderen sich ausbreitenden Sprachen aufgesogen werden. Es wäre für die Wissenschaft ein großer Verlust, wenn hier nicht versucht würde, zu retten, was wahrscheinlich bald unwiederbringlich dahin ist.*[42]

Nach der Aufzeichnung der Texte stand deren Übersetzung und Edition. Diese erfolgten mit großer Gründlichkeit: Dammann erreichten in Tanga immer wieder Rückfragen von Meinhof zu einzelnen Begriffen, die er ihn zu überprüfen oder näher zu bestimmen bat. So fragte er nach, ob es sich in Dammanns »Digo-Märchen« bei »mlala« wirklich um die Doumpalme und nicht etwa um eine Borassus- oder gar Raphiapalme handelte und lieferte botanische Beschreibungen der drei

von Ernst Dammann«, in: Zeitschrift für Eingeborenen-Sprachen 28 (1937/38), S. 139–157.

41 SHLB Kiel, Cb 179, Kasten 1: NSDAP, Ortsgruppe Tanga, Ortsgruppenleiter Dammann, Einladung Volkstrauertag [1936]; Deutsche evangelische Kirchengemeinde Tanga, Pastor Dr. Dammann, Einladung Volkstrauertag [1936].

42 Ernst Dammann: »Deutsche Mitarbeit an der Erforschung ostafrikanischer Sprachen«, in: Das Hochland 5 (1934/35), S. 132–136, hier S. 135f.

Pflanzenarten.[43] Meinhof wandte sich auch an Hans Winkler, den Leiter des botanischen Instituts und Gartens in Hamburg, mit der Frage, ob Dammann ihm Pflanzen schicken dürfte, um einzelne Arten exakt übersetzen zu können, was dieser akzeptierte.[44]

Auch bei diesen Arbeiten erhielt Dammann Unterstützung aus der deutschen Gemeinschaft. Der bereits genannte Geldern-Crispendorf sandte Pflanzen zur Bestimmung an die einst in der deutschen Kolonialzeit gegründete landwirtschaftliche Forschungsstation Amani und bat diese um lateinische Bezeichnungen für bestimmte Vogelarten, für die nur Swahili- oder Bonde-Bezeichnungen bekannt waren.[45] Vom Zoologie-Professor Ludwig Brühl, der sich sein Leben lang mit der Seefischerei beschäftigte und 1934 aufgrund antisemitischer Verfolgung nach Tanga emigrierte, ließ sich Dammann Begriffe für Fischarten und die verschiedenen Mägen des Rindes übersetzen. Brühl schickte auch Tiere an das Berliner Zoologische Museum zur dortigen Bestimmung und Systematisierung und informierte Dammann über die Ergebnisse. Das Museum war wiederum an den afrikanischen Artenbezeichnungen interessiert.[46] Und auch nach der Rückkehr nach Deutschland standen Dammann seine Kontakte zu den Deutschen in Tanga und Umgebung für seine Editionsarbeiten zur Verfügung. So ließ er etwa Geldern-Crispendorf einzelne Ausdrücke mit dessen afrikanischen Arbeiter:innen klären.[47]

Es wird deutlich, dass Dammann mit der Verlegung seines Wirkungsortes nach Tanga 1933 die Rolle eines die Hamburger Afrikanistik mit Sprachproben beliefernden Missionars einnahm. Er wurde der produktivste Beiträger der *Zeitschrift für Eingeborenen-Sprachen*: Die aufgezeichneten Sprachproben fanden über ein Jahrzehnt lang Eingang in die Zeitschrift. Für seine Sprachforschungen nutzte er einerseits die Ressourcen der Mission: den Kontakt zu afrikanischen Christ:innen und den Zugriff auf ihm untergebene Missionslehrer, die in seinem

43 StA HH, 364-13 Abl. 2002/04-86: Meinhof an Dammann, Tanga, 4.11.1934, vgl. auch Meinhof an Dammann, Tanga, 4.10.1934.

44 Ebd.: Meinhof an Winkler, Institut für Allgemeine Botanik, 1.10.1934; Winkler, Institut für Allgemeine Botanik und Botanischer Garten, an Meinhof, 2.10.1934.

45 SHLB Kiel, Cb 179, Kasten 8: Greenway, East African Agricultural Research Station Amani, an Dammann, 18.6.1936.

46 Ebd., Kasten 8: Ludwig Brühl, Kigombe, an Dammann, Lamu, 4.10.1936; 3.12.1936; Abschrift: Zoologisches Museum der Universität Berlin, an Brühl, Tanga, 8.2.1935.

47 Ebd., Kasten 8: Walter von Geldern-Crispendorf, Mnyussi, an Dammann, 4.6.1937.

Auftrag Texte aufzeichneten und zusammentrugen. Daneben konnte er auf die Netzwerke der deutschen Gemeinschaft in Tanganyika zurückgreifen: Plantagenbesitzer, die ihn beherbergten und ihre afrikanischen Mitarbeiter:innen für die Sprachforschung zur Verfügung stellten; aber auch Akademiker in Tanga, die ihm Auskünfte gaben. Jedoch waren diese Symbiosen keine Einbahnstraßen. Dammann stellte sich und seine afrikanistischen Kenntnisse in den Dienst des kolonialen »Deutschtums« (dazu im Kapitel 4) und der Mission, wie im Folgenden gezeigt wird.

Swahili-Publikationen für die Mission

Für die Publikationsorgane der Bethel-Mission, die sich an die Afrikaner:innen in Tanganyika richteten, verfasste Dammann Texte auf Swahili. So auch in der von der Usambara Agentur, dem Verlag der Bethel-Mission in Lwandai, herausgegebenen Reihe »Barazani« (»In der Ratsversammlung«), in der Hefte zum Leben der Missionare Livingstone und Krapf, zu Martin Luther und Friedrich von Bodelschwingh veröffentlicht wurden. Hier erschien 1935 »Muhamadi au Kristo?« (»Mohammed oder Christus?«).[48] Dabei handelte es sich um Dammanns Überarbeitung eines 1912 erstmals veröffentlichten Texts des Betheler Missionars Paul Wohlrab, in dem Islam und Christentum gegenübergestellt werden. Die religiöse Propaganda sollte Afrikaner:innen die Entscheidung für das Christentum und gegen den Islam erleichtern. In seiner sprachlichen Überarbeitung bemühte sich Dammann insbesondere darum, »die vielen Arabismen zu vermindern«, wie er Meinhof mitteilte.[49]

Die Ausbreitung des Islam zu verhindern und Muslim:innen zu bekehren, waren Dammann besondere Anliegen, mit denen er auch von Meinhof beauftragt worden war. Um sich über die Aktivitäten der indischen Ahmadiyya Muslim Mission in Nairobi zu informieren, korrespondierte er mit deren Missionar Shaikh Mubarak Ahmad. Er ließ sich Swahili-Veröffentlichungen der Mission schicken, darunter die in Indien gedruckte Zeitschrift *Mapenzi ya Mungu* (»Die Liebe Gottes«).[50]

48 Ernst Dammann/Paul Wohlrab: Muhamadi au Kristo? (= Barazani, Band 5), Lushoto 1935, S. 20.

49 StA HH, 364-13 Abl. 2002/04-86: Dammann, Tanga, an Meinhof, 18.12.1934.

50 SHLB Kiel, Cb 179, Kasten 8: Shaikh Mubarak Ahmad, Missionary-in-Charge, Ahmadiyya Muslim Mission, Nairobi, an Damann, Lamu, 8.8.1936.

Auch nach seiner Rückkehr nach Deutschland behielt Dammann die Aktivitäten der Ahmadiyya in Ostafrika im Blick und besprach deren Swahili-Übersetzung des Korans in den 1950er Jahren in der *Zeitschrift der Deutschen Morgenländischen Gesellschaft*.[51]

Auch über seine eigenen Texte hinaus sorgte sich Dammann um die Publikationen der deutschen Missionsgesellschaften in Tanganyika: Auf Beschluss der deutschen Missionskonferenz in Dar es Salaam im Februar 1934 übernahm Dammann die Funktion eines »Literaturwarts«, der die gemeinsamen afrikasprachlichen Publikationen der evangelischen Missionsgesellschaften überprüfen sollte. In einem Brief an Meinhof befürchtete er fortan »Kämpfe« mit der Leipziger Mission, »die im Arabismus schwelgt«. Dass er sich abstimmen und Kompromisse mit Vertretern anderer Missionsgesellschaften eingehen musste, war ihm ein Dorn im Auge. Er wünschte sich »hier draußen in Missionskreisen zuweilen etwas von dem neuen Geist Deutschlands [...], wo nicht mehr so viel geredet, dafür aber gehandelt wird«.[52]

In seinen Texten vermittelte Dammann den afrikanischen Leser:innen seine religiösen und politischen Vorstellungen. Für einen Swahili-Kalender der Bethel-Mission verfasste er 1934 einen Aufsatz mit dem Titel »Misemo ya watu wa Afrika ya mashariki« (»Die Sprachen der Menschen Ostafrikas«). Vermutlich nicht zufällig verwendete er für »Sprache« das Bantuwort »msemo« statt des damals wie heute üblicheren »lugha«, das dem Arabischen entlehnt ist (لغة, luġa). Dammann erklärte den Leser:innen, dass jede Ethnie (*kabila*) ihre eigene Sprache habe, die sie von anderen unterscheide: »Ein Nyakyusa spricht Nyakyusa, ein Digo spricht Digo, ein Haya spricht Haya«.[53] Daraus schloss Dammann folgende paternalistische Aufforderung:

> *Tukiiona misemo ya Watanganyika tunaona furaha kubwa kwa uzuri na utaratibu wao. Bwana Mungu ameipa [sic] kila kabila msemo wake. Haifai kama mtu anasema: ›Mimi siupendi msemo wangu wa kidigo ao kisegedju ao kinyaturu ao kiluguru, mimi ninapenda tu kusema kisuaheli cha kiarabu ao kingereza.‹ Kuwaza*

[51] Ernst Dammann: »Die von der Aḥmadiyya herausgegebene Übersetzung des Korans in das Suaheli«, in: Zeitschrift der Deutschen Morgenländischen Gesellschaft 106 (1956), S. 135–144.

[52] StA HH, 364-13 Abl. 2002/04-86: Dammann, Tanga, an Meinhof, 27.2.1934.

[53] »Kila kabila ina [sic] msemo wake. Mnyakyusa anasema kinyakyusa, Mdigo anasema kidigo, Muhaya anasema kihaya.« Ebd.: Dammann, Misemo ya watu wa Afrika ya mashariki, 1934.

hivyo na kutenda hivyo ni jambo la soni. Mimi ninawaambia ya kama: ›Furahini kwa misemo yenu mkaitumie pahali popote. Watu wakiona soni kwa ajili ya msemo wao, ni wajinga wanakibeza kipaji kikubwa walichopewa na Mungu.‹

Siku hizi wachungaji wanakaza kuligeuza neno la Mungu katika misemo yenu. Kitabu cha agano jipya kimekwisha pigwa chapa katika kisuaheli, kishambaa na vijisemo vya kichaga, na kinyakyusa, hata mingine. Habari za agano la kale zimepigwa chapa vilevile, hata vitabu vya nyimbo, na vya Katekisimo, tena vitabu vya kuwafundishia watoto shuleni.

Kwa sababu hiyo inafaa kila mtu ajifunze katika msemo wake na kuupenda, amtukuze na kumwomba Bwana katika msemo wa kabila lake.[54]

Wenn wir uns die Sprachen der Menschen in Tanganyika ansehen, verspüren wir große Freude über ihre Schönheit und Ordnung. Gott der Herr hat jeder Ethnie ihre Sprache gegeben. Niemand sollte sagen: ›Ich mag meine Sprache, das Digo oder Segeju oder Nyaturu oder Luguru, nicht, ich mag nur arabisches Swahili oder Englisch sprechen.‹ Dies zu denken und so zu handeln, ist beschämend. Ich sage euch Folgendes: ›Freut euch eurer Sprachen und benutzt sie überall. Wenn sich Menschen ihrer Sprache schämen, sind sie Dummköpfe, die eine Gabe missachten, die ihnen von Gott gegeben wurde.‹

Heute verstärken die Pastoren ihre Anstrengungen, das Wort Gottes in eure Sprachen zu übersetzen. Das Neue Testament wurde bereits im Swahili, im Shambala, in den Chaga-Dialekten, im Nyakyusa und sogar in anderen Sprachen gedruckt. Das Alte Testament wurde ebenfalls bereits gedruckt, auch Liederbücher und Katechismen, außerdem Schulbücher.

Aus diesem Grund ist es angebracht, dass jeder Mensch in seiner Sprache lernt und sie liebt, in der Sprache seiner Ethnie den Herrn ehrt und zu ihm betet.

Dammanns Text spiegelt Meinhofs Vorstellungen der linguistisch-ethnischen Aufteilung Afrikas wider, die auch von dessen südafrikanischen Schülern, die an der Ausgestaltung der Apartheid-Politik mitwirkten, rezipiert wurden: Jede Ethnie sei durch eine eigene Sprache

[54] Ebd.

gekennzeichnet und gehöre an ihren natürlichen, gottgegebenen Platz und solle sich nicht verändern. Davon ausgenommen ist die Christianisierung: Dammann verwies auf die Anstrengungen der Missionare, das Neue und Alte Testament sowie religiöse Texte in verschiedene afrikanischen Sprachen zu übersetzen, sodass jeder Mensch in seiner Sprache beten könne. An der Neuübersetzung der Bibel in das Swahili wirkte Dammann selbst mit, wie im Folgenden gezeigt wird.

Die Swahili-Übersetzung der Bibel

Insbesondere nach seiner Rückkehr nach Hamburg 1937 unterstützte Dammann seinen Missionskollegen Karl Roehl bei der Fertigstellung der Bibelübersetzung. Dammann blickte zu Roehl (»Onkel Roehl«)[55] auf – für ihn war Roehl die Autorität schlechthin für das Swahili. Der 1870 geborene Roehl hatte wie Dammann neben Theologie orientalische Sprachen studiert und am Berliner Seminar für Orientalische Sprachen Swahili gelernt. Von der Vorgängerin der Bethel-Mission wurde er erstmals 1896 in die Usambara-Berge der damaligen ostafrikanischen Kolonie entsandt. Er wurde verschiedentlich sprachlich tätig, unter anderem arbeitete er an der Übersetzung religiöser Literatur ins Shambala und Kinyarwanda. Darüber hinaus trat er mit Arbeiten zum Urbantu und insbesondere zum Swahili in Erscheinung. Nach verschiedenen Stationen als Missionar und Pastor kehrte er von 1926 bis 1928 und von 1931 bis 1934 noch einmal nach Dar es Salaam zurück, »um im Auftrage der deutschen Missionsgesellschaften von Berlin, Bethel und Leipzig eine dringend nötige Neuübersetzung der Bibel in das Swahili zu erstellen«. Daneben hatte er – wie Dammann in Tanga – das Pfarramt für die deutsche evangelische Gemeinde in Dar es Salaam inne.[56]

Roehl und Dammann kannten sich bereits aus Missionskreisen in Deutschland und suchten in Tanganyika den Austausch miteinander. So berieten sie sich über die »kirchliche Versorgung unserer Landsleute« und über sprachliche Fragen: sie stimmten in der Beseitigung von Arabismen in Bantusprachen – insbesondere für religiöse Begriffe – überein, wie sie Dammann in seinen Editionen und Roehl in der Bibel-

55 E. Dammann: 70 Jahre erlebte Afrikanistik, S. 122.

56 Ernst Dammann: »Roehl, Karl«, in: Friedrich W. Bautz/Traugott Bautz (Hg.): Biographisch-Bibliographisches Kirchenlexikon, Bd. 8, Herzberg 1994, Sp. 508f.

übersetzung vornahm.[57] Über die Drucklegung der Bibelübersetzung tauschte sich Dammann bereits in Tanganyika mit Meinhof aus. So »ärgerte es [ihn] immer wieder, daß die Landkarten im Röhlschen Neuen Testament englische Bezeichnungen haben«, und er fragte Meinhof, ob man nicht eine Karte des alten Palästina und des Vorderen Orients mit Swahilibeschriftung anfertigen könne.[58]

Nach seiner Rückkehr übernahm Dammann von der Sekretärin des Hamburger Seminars Emmi Meyer die Korrekturen für Roehls Bibelübersetzung. Meyer, die sich während Dammanns Rückfahrt für ihre eigenen Forschungen auf den Weg nach Kamerun machte, hatte neben der Swahili-Lehre auch diese Aufgabe übernommen.[59] Es schien selbstverständlich, dass Meinhof die Arbeitskraft seiner Mitarbeiter:innen diesem Projekt zur Verfügung stellte. So sah nun Dammann regelmäßig Roehls Manuskripte durch und machte Korrekturen und Verbesserungsvorschläge. Außerdem entwarf und korrigierte er Texte für ein »Bibel-Plakat« und regte eine Werbebroschüre für die Bibelübersetzung unter dem Titel »Lisikilizeni Neno la Mungu« (»Hört das Wort Gottes«) an. Auch diskutierten Roehl und Dammann Ideen für ein »Biblisches Bilderbuch«.[60] Andersherum stand Roehl Dammann für Auskünfte zur Bedeutung einzelner Wörter im Swahili zur Verfügung und überprüfte dessen Übersetzungen.[61]

Um die Finanzierung der Roehl-Bibel sorgten sich Dammann und ganz besonders Meinhof. Diese war alles andere als gesichert, wie der Direktor der Württembergischen Bibelanstalt, in der die Übersetzung erscheinen sollte, Dammann zu Beginn der Zusammenarbeit mitteilte. Es seien »[n]och lange nicht […] die Gelder beisammen, die wir nötig haben, um die Bibel so billig in Ost-Afrika darzubieten, dass es den Eingeborenen nun wirklich möglich ist, sie zahlreich zu

57 StA HH, 364-13 Abl. 2002/04-86: Dammann, Tanga, an Meinhof, 27.2.1934; E. Dammann: Roehl, Karl.

58 StA HH, 364-13 Abl. 2002/04-86: Dammann, Tanga, an Meinhof, 14.6.1934.

59 StA HH, 364-13 Abl. 2002/04-221: Meyer an Dammann, 30.1.1937.

60 SHLB Kiel, Cb 179, Kasten 8: Roehl, Königswinter, an Dammann, 3.8.1937; Dammann an Roehl, Königswinter, 13.4.1938.

61 Ebd., Kasten 8: Dammann an Roehl, Königswinter, 20.5.1938; Roehl, Königswinter, an Dammann, 29.10.1938; 5.7.1939; Ernst Dammann: Dichtungen in der Lamu-Mundart des Suaheli. Gesammelt, herausgegeben und übersetzt von Ernst Dammann (= Abhandlungen aus dem Gebiet der Auslandskunde, Band 51), Hamburg 1940, S. x.

kaufen«.[62] Meinhof bemühte sich zusammen mit dem Hamburger Unternehmer Kurt Woermann, Geld für die Übersetzung aufzutreiben. So klärte er mit ihm ab, wie man zur Sammlung von Spenden ein Treffen mit anderen Firmenvertretern und »Kolonialfreunden« gestalten könne.[63]

Schließlich konnten Mittel, die Dammann von der Deutschen Forschungsgemeinschaft (DFG) für seine Forschungsreise nach Kenya bewilligt und von Woermann zur Verfügung gestellt wurden, aber letztlich bei der DFG nicht abgerufen werden konnten (vgl. dazu Kapitel 5.1), für Roehls Bibelübersetzung umgewidmet werden. Woermann machte dazu (vermutlich auf Meinhofs Geheiß) bei der DFG einen entsprechenden Vorschlag, woraufhin Meinhof begutachten sollte, »ob die in Betracht kommende Übersetzung [...] als ein Werk deutscher Wissenschaft betrachtet werden kann«. Meinhof bewertete die Übersetzung, die durch die Hände seiner Mitarbeiter:innen lief, wie zu erwarten positiv als »erhebliche wissenschaftliche Leistung«. Roehl habe es geschafft, »ein wirklich verständliches Suaheli zu schreiben«, frei von »europäische[r] Ausdrucksweise« und Arabismen, unter Einbeziehung »umfassende[r] naturwissenschaftliche[r] Kenntnisse«.[64]

Um koloniale Kreise über die Neuübersetzung der Bibel zu informieren, verfasste Dammann einen Beitrag für die *Afrika-Rundschau*, deren Schriftleiter sein Swahili-Schüler Günther Jantzen war. Der bei Gustav Adolf Rein mit einer kolonialgeschichtlichen Arbeit promovierte Historiker war seit 1934 Geschäftsführer des Afrika-Vereins Hamburg-Bremen, eines Interessenverbands von Überseehandelshäusern und Pflanzungsgesellschaften. Er wurde einer der Initiatoren der *Afrika-Rundschau*, mit der »Kommunikationsräume zwischen Wirtschaft, Wissenschaft und Politik« geschaffen werden sollten.[65] Genau in diesen Räumen wollte Dammann auf die Bibelübersetzung hinweisen. Er würdigte Roehls Leistung als ein »Zeugnis deutschen Fleißes und deutscher Gelehrsamkeit«. Die Schaffung religiöser Literatur führte Dammann als Argument für deutsche Kolonialforderungen an: »Die neue Suahelibibel ist ein Zeichen dafür, daß unser

[62] SHLB Kiel, Cb 179, Kasten 8: Direktor der Württembergischen Bibelanstalt, Stuttgart, an Dammann, Pinneberg, 17.2.1937.

[63] StA HH, 364-13 Abl. 2002/04-86: Meinhof an Kurt Woermann, 6.2.1936; 25.2.1936.

[64] Ebd.: DFG, Berlin, an Meinhof, 29.9.1936; Meinhof an DFG, Berlin, 2.10.1936.

[65] F. Brahm: Wissenschaft und Wirtschaft, S. 131–134, Zitat S. 133; StA HH, 364-13 Abl. 2002/04-86: Meinhof an Dammann, Tanga, 16.2.1935.

Interesse an Afrika nicht nachläßt. Wenn man sich auch noch immer sträubt, uns Anteil an der Herrschaft über Afrika zu geben, von der Mitarbeit auf geistigem und geistlichem Gebiet hat und wird man uns nicht ausschließen können.«[66] Ihre fruchtbare Zusammenarbeit führten Dammann und Roehl später im Rahmen nationalsozialistischer Kolonialplanungen fort, die beide begeistert aufnahmen (vgl. dazu das Fazit).

[66] Ernst Dammann: »Die neue Suaheli-Bibelübersetzung. Ein Zeugnis deutschen Fleißes und deutscher Gelehrsamkeit«, in: Afrika-Rundschau 3 (1937/38), S. 276.

4 Dammann und das koloniale »Deutschtum« in Tanganyika

An der praktischen Missionsarbeit verlor Dammann schnell das Interesse. Einige Monate nach seiner Ankunft in Tanga berichtete er Meinhof über die Schwierigkeiten bei der missionarischen Arbeit an den »Tanga- und Digochristen«. Die Jugend stehe abseits der Gemeinde, modische Kleidung gewinne an Bedeutung, das Gemeindeleben gehe ein. Und ein »bolschewistischer Agitator« gehe umher, ein »Hetzer«, der junge Christen auf dem Fußballplatz anspreche und Zweifel säe. »In der Eingeborenengemeinde halte ich mich noch zurück; denn einmal bin ich in der Sprache und in der Gedankenwelt der Leute noch lange nicht heimisch; und andererseits haben wir in Jakobo einen so tüchtigen Hirten, daß ein Weißer es schwerlich besser machen könnte.«[1] Ähnlich äußerte sich Dammann in einem Bericht für die *Nachrichten aus der Bethel-Mission*: Während es in Tanga eine christliche Gemeinde gebe, ein »richtiges kleines afrikanisches Dorf«, angesiedelt um die Kokospflanzung der Mission und ausgestattet mit einer Kapelle, einem afrikanischen Pastor und Lehrer sowie einer Mädchenschule mit einer Lehrerin und zehn Schülerinnen, zeigte er sich für das Digoland außerhalb Tangas hoffnungslos: Dort seien »fast alles Mohammedaner«, die Missionsarbeit sei »sehr schwierig«. Schulen seien »einfach nicht gewünscht«, die Lehrer, die an fünf Orten im Auftrag der Mission arbeiteten, könnten »nur eine kleine Schar von Kindern um sich sammeln«. »Im Digoland ist es wirklich ein Ereignis, wenn sich einer entschließt, Christ zu werden.«[2]

Abseits dieser Äußerungen ist von Dammann kaum etwas über seine eigentliche missionarische Arbeit zu erfahren. Er hatte keinerlei Erfolge zu vermelden. Die praktische Mission spielte im dichten Briefwechsel mit Meinhof keine Rolle mehr. Dammanns Fokus lag stattdessen einerseits, wie gezeigt wurde, auf der afrikanistischen Sprachforschung und andererseits auf seinem Dienst am kolonialen »Deutschtum« in Tanganyika. In der deutschen Gemeinschaft war er durch seine herausragenden Funktionen bestens vernetzt: als Pastor der deutschen evange-

1 StA HH, 364-13 Abl. 2002/04-86: Dammann, Tanga, an Meinhof, 20.9.1933.

2 Ernst Dammann: »Erste Eindrücke von Tanga und Digo«, in: Nachrichten aus der Bethel-Mission 48 (1934), S. 9–13, hier S. 11–13.

lischen Gemeinde Tangas, der auch Deutsche im Umland angehörten, und als NSDAP-Ortsgruppenleiter und zeitweise kommissarischer Landesgruppenleiter für Ostafrika. In diesen Funktionen bemühte er sich um die Vereinigung der Deutschen vor Ort und die Aufrechterhaltung einer kolonialen Identität. Dazu arbeitete er an der Erinnerung an die deutsche Kolonialvergangenheit in Ostafrika durch die Errichtung von Denkmälern und die Ausrichtung von Feiern. Damit sollte auch der koloniale Anspruch Deutschlands auf das britische Mandatsgebiet aufrechterhalten werden.

4.1 Dammanns Dienst am kolonialen »Deutschtum«

Als Dammann 1933 nach Tanganyika kam, war die deutsche Kolonialherrschaft seit anderthalb Jahrzehnten vorüber; »Deutsch-Ostafrika« war als Tanganyika seit 1922 Mandatsgebiet des Völkerbunds unter britischer Verwaltung. Dennoch gab es eine deutsche Gemeinschaft, der bei Dammanns Ankunft etwa 2700 Personen angehörten. Von ihnen arbeiteten 250 für die Missionsgesellschaften, darunter etwa 100 für die Bethel-Mission. In diesem »deutschen Umfeld« agierten die Missionare. Es ergaben sich alltägliche private, geschäftliche und kirchliche Begegnungen, etwa durch deutschsprachige Gottesdienste, die Nutzung der medizinischen Angebote der Mission, gemeinsame Mitgliedschaften in deutschen Organisationen oder den Besuch der Friedrich-von-Bodelschwingh-Schule der Mission. Daraus erwuchsen gemeinsame Ziele, politische Übereinstimmungen und Kooperationen, allerdings immer wieder auch Konflikte zwischen der Bethel-Mission und den (anderen) auslandsdeutschen Organisationen. Da waren zum einen die NSDAP-Auslandsgruppen, die sich seit 1933 an verschiedenen Orten gründeten. Daneben bestand der »Deutsche Bund«, gegründet 1933 aus zwei Siedlerorganisationen. Ihm gehörten »nahezu alle in Ostafrika lebenden Deutschen als Mitglieder an«. Mit dem satzungsgemäßen Anspruch, die alleinige »Vertretung des Deutschtums in Ostafrika« zu sein, stand er in Konkurrenz zur NSDAP.[3]

Dammanns spätere Behauptung, ein großer Teil der Missionare sei bei seiner Ankunft bereits NSDAP-Mitglied gewesen und die Partei

[3] H.-K. Treutler: Die Bethel-Mission zwischen 1933 und 1945, S. 69–75, Zitate S. 73f.

schlicht ein »Zusammenschluß der Deutschen«,[4] ist nachweislich seiner eigenen Briefe nach Bethel falsch, wie Helen-Kathrin Treutler aufzeigt: So wurden erst zwischen 1935 und 1940 insgesamt knapp 40 Prozent der männlichen Mitarbeiter der Bethel-Mission in Ostafrika Mitglied, in der Region Tanga / Usambara waren es mit knapp 70 Prozent deutlich mehr, was wohl auf einen engeren Kontakt mit anderen Deutschen an der Küste zurückzuführen ist. Dammann selbst war 1931 in die Partei eingetreten, ein Jahr später aus pragmatischen Gründen vor dem geplanten Eintritt in ein Pfarramt wieder ausgetreten, und trat in Tanga erneut der NSDAP bei.[5]

Im Februar 1934 berichtete er Meinhof schließlich, dass ihn der NSDAP-Ortsgruppenleiter von Tanga zu seinem Stellvertreter gemacht habe. Da dieser »aus besonderen Gründen nicht amtiert«, habe Dammann die Geschäfte der Partei bereits übernommen. Zusätzlich führe er bis zur Ernennung eines »Landesleiters für Ostafrika (einschl. Uganda und Kenya)« auch dessen Geschäfte. Obwohl Dammann glaubte, dass er das Amt nicht lange ausführen werde, da »auch in Deutschland Geistliche nicht in führenden Parteistellen sind«, sei es ihm »doch sehr wichtig, daß ich auf diese Weise mit vielen Personen und Dingen in Berührung komme, die ich in meiner Wirksamkeit als Missionar und Pastor nicht erreichen würde«. Er stehe nun in regem Kontakt »mit der Auslandsabteilung der Partei«, deren Sitz sich in direkter Nähe des Hamburger Seminars befand.[6] Nachdem er Anfang Juni 1934 von der Auslandsorganisation der NSDAP endgültig zum Ortsgruppenleiter für Tanga ernannt wurde,[7] meldete er Meinhof: »Der Vorstand der Bethel Mission ist nicht restlos erfreut über diese meine Tätigkeit. Aber ich glaube, daß in unserer Zeit ein Auslandspastor einen solchen Posten nicht ablehnen darf, wenn er ihm angetragen wird.«[8] Seine Tätigkeiten als Pastor der deutschen Gemeinde und NSDAP-Funktionär waren für Dammann fortan aufs Engste im Dienst am kolonialen »Deutschtum« verbunden.

4 E. Dammann: 70 Jahre erlebte Afrikanistik, S. 50.

5 H.-K. Treutler: Die Bethel-Mission zwischen 1933 und 1945, S. 77–81 u. S. 84; vgl. auch StA HH, 364-13 Abl. 2002 / 04-86: Meinhof an Landesunterrichtsbehörde Hamburg, Hochschulwesen, 4.8.1933.

6 StA HH, 364-13 Abl. 2002 / 04-86: Dammann, Tanga, an Meinhof, 27.2.1934.

7 SHLB Kiel, Cb 179, Kasten 1: NSDAP, Reichsleitung, Auslands-Organisation, Bestallungsurkunde, 2.6.1934.

8 StA HH, 364-13 Abl. 2002 / 04-86: Dammann, Tanga, an Meinhof [vermutlich September 1934].

Dammann versuchte, die Identität der Deutschen in Tanganyika insbesondere durch koloniales Erinnern zu festigen. Fokus des durch Feierlichkeiten, Denkmäler und Schriften begangenen Gedenkens war die Schlacht bei Tanga im November 1914 und die Legende um Paul von Lettow-Vorbeck, den Kommandeur der deutschen »Schutztruppe« im Ersten Weltkrieg. Die Entstehung, Tradierung und Funktion dieses »Mythos vom unbesiegten, ritterlich kämpfenden, fürsorglichen und genialen General, der mit seinen ›treuen‹ Askari und ›loyalen Eingeborenen‹ im ehemaligen Deutsch-Ostafrika [...] einer gewaltigen Übermacht trotzte«,[9] soll mit Uwe Schulte-Varendorff im Folgenden nachgezeichnet werden.

Nach Beginn der Kriegshandlungen im August 1914 zog Lettow-Vorbeck mit der »Schutztruppe« – sich den Befehlen des Gouverneurs Heinrich Schnee widersetzend – die folgenden Jahre durch das östliche Afrika. Er vermied Entscheidungsschlachten, führte Guerillakämpfe und wechselte immer wieder den Standort. So gelangte das Heer auf feindliches Gebiet, nach Portugiesisch-Ostafrika (Moçambique) und ins britische Nordrhodesien (Zambia). Bereits während des Krieges wurde Lettow-Vorbeck von der deutschen Kriegspropaganda glorifiziert, die Heeresleitung hatte ein Interesse an einem »repräsentativen militärischen Helden«: »Das Bild von einem neuen Kriegshelden, der aus dem Nichts auftauchte, der gegen eine scheinbar überwältigende feindliche Streitmacht kämpfte, der nie aufgab und der alle Krisenlagen hervorragend meisterte, sollte der Bevölkerung des Deutschen Reiches Mut machen«. In Reichstagsreden wurde Lettow-Vorbecks Heldenhaftigkeit gepriesen, und die Erzählung von loyalen Afrikanern, die als Soldaten (Askari) oder Träger in deutschen Diensten standen, wurde als Beleg für eine erfolgreiche deutsche Kolonialpolitik angeführt.[10]

Mit dem Ende des Krieges wurde die Mythenbildung vorangetrieben. Einer der ersten Berichte stammte von Dammanns Freund Karl Roehl, der 1917 im *Deutschen Kolonialblatt* und ein Jahr später in seinem Buch »Ostafrikas Heldenkampf« Lettow-Vorbeck als eine »besondere, außergewöhnliche Ausprägung deutschen Wesens und deutschen Heldengeistes« würdigte.[11] Die Legende verfestigte sich in der

9 U. Schulte-Varendorff: Kolonialheld für Kaiser und Führer, S. 7.
10 Ebd., S. 29–38, Zitate S. 37f.
11 Ebd., S. 39f., Roehl zit. n. S. 40.

Weimarer Republik. Die Behauptung der Menschlichkeit und Ritterlichkeit Lettow-Vorbecks und der Loyalität der afrikanischen Zivilbevölkerung wurde »gebetsmühlenartig« wiederholt. Zusammen mit der Glorifizierung der »treuen« Askari und Träger diente sie als Beweis für eine »gute und humane deutsche Kolonialarbeit« und als »Beleg für die Rechtmäßigkeit der Forderung nach Rückgabe der Kolonien«. Dadurch dass Lettow-Vorbeck erst nach der Waffenruhe in Europa kapitulierte, wurde er zum Symbol der »Dolchstoßlegende« und die »zentrale Identifikationsfigur der deutschen Kolonialbewegung« in Weimarer Republik und Nationalsozialismus.[12]

Die Wirklichkeit hinter der Legende war eine andere, wie Schulte-Varendorff feststellt: Der vermeintliche Zweck des eigenwilligen Vorgehens Lettow-Vorbecks, britische Truppenverbände in Ostafrika zu binden und somit für eine Entlastung in Europa zu sorgen, war nie plausibel. Es diente nur dem »persönlichen militärischen Ruhm« des Kommandeurs.[13] Einen »Freiwilligenansturm« aus der afrikanischen Bevölkerung hatte es nie gegeben. Askari und Träger wurden zwangsrekrutiert, darunter auch Kinder, Fluchtversuche mit dem Tode bestraft. Durch unzureichende Versorgung und Entkräftung starben zeitgenössischen Schätzungen zufolge allein über 100.000 Träger:innen der »Schutztruppe«. 1917 erfolgte die Anweisung, kein Verbandsmaterial mehr für Askari zu verwenden, wenn sie keinen unmittelbaren militärischen Nutzen mehr hatten.[14] In »Strafexpeditionen« arbeitete Lettow-Vorbeck »mit den Mitteln des Terrors«. Er »ordnete willkürlich Erhängungen an und ließ als Vergeltung ganze Dörfer niederbrennen«. Die rücksichtslose Beschlagnahme von Lebensmittelvorräten auf der Durchreise und die »Strategie der ›verbrannten Erde‹« verursachten in einigen Regionen ein Massensterben. Zeitgenössische Schätzungen gingen von 300.000 Afrikaner:innen aus, die allein in »Deutsch-Ostafrika« durch den Hunger und dessen Folgen umkamen. Plünderungen, Brandschatzungen und Verwüstungen durch die »Schutztruppe« lassen eine Gesamtzahl von 700.000 Toten, ein Zehntel der Zivilbevölkerung, vermuten. Die Loyalität der Zivilbevölkerung und die einzigartige »Treue« der Askari und Träger ist somit »eine Legende, die jeder Grundlage entbehrt«.[15]

[12] Ebd., S. 68–71, Zitate S. 50, S. 60 u. S. 107.
[13] Ebd., S. 47–49, Zitat S. 49.
[14] Ebd., S. 58–60 u. S. 63f.
[15] Ebd., S. 53f., S. 56f., S. 66 u. S. 54.

Feierlichkeiten und Denkmäler in Tanga

Der Lettow-Vorbeck- und Askari-Mythos bildete die Grundlage für Dammanns erinnerungspolitische Arbeit – insbesondere die Schlacht bei Tanga, in der Lettow-Vorbecks »Schutztruppe« an der Küste landende britisch-indische Soldaten besiegte. Bereits Anfang November 1933 organisierte Dammann als evangelischer Pastor – gemeinsam mit dem Pater der katholischen Gemeinde, der NSDAP-Ortsgruppe, dem Deutschen Bund und dem Deutschen Klub – eine Feier zum Gedenken an die deutschen Gefallenen der Schlacht mit einer Kranzniederlegung und einem Feldgottesdienst auf dem städtischen Friedhof. Dort sangen sie gefolgt von »Der gute Kamerad« das altniederländische Dankgebet »Wir treten zum Beten vor Gott dem Gerechten« in einer deutschnationalen, zum Singen anlässlich des Sedantags geeigneten Nachdichtung:[16]

Im Streite zur Seite ist Gott uns gestanden,
er wollte, es sollte das Recht siegreich sein;
da ward, kaum begonnen, die Schlacht schon gewonnen.
Du Gott, warst ja mit uns, der Sieg, er war dein.

Wir loben dich droben, du Lenker der Schlachten,
und flehen, mögst stehen uns fernerhin bei,
daß deine Gemeinde nicht Opfer der Feinde.
Dein Name sei gelobt, o Herr, mach uns frei![17]

Der Ausgang der Schlacht bei Tanga wird mit dem Lied religiös aufgeladen als deutscher Sieg mit Gottes Hilfe gegen die britischen »Feinde«. Ruth Dammann schilderte in ihrem Bericht des Gedenktags, wie »lebendig« die Erinnerung an die Schlacht noch sei, »durch die der Feind [...] so entmutigt wurde, daß er es für's Erste aufgab auf dem Seeweg in die Kolonie einzudringen«. Zusammen mit der Usagara Co. Ltd., der Nachfolgerin der Deutsch-Ostafrikanischen Gesellschaft, ließen die Dammanns vor der Feier Bronzetafeln mit den Namen der Gefallenen aus Deutschland kommen und an den Gräbern anbringen. Zu der Gedenkfeier seien »sehr viele Deutsche nicht nur aus der näheren, sondern

[16] Franz M. Böhme (Hg.): Volksthümliche Lieder der Deutschen im 18. und 19. Jahrhundert, Leipzig 1895, S. 565.

[17] StA HH, 364-13 Abl. 2002/04-86: Einladung zur Gedenkfeier am 5.11.1933 anläßlich der Fertigstellung unserer Gefallenenehrung und der Wiederkehr des Tages der Schlacht bei Tanga.

auch weiteren Umgebung Tangas« gekommen. »Eine solche Feier stärkt auch immer wieder das Zusammengehörigkeitsgefühl unserer Landsleute. Und ich glaube, daß jeder den stillen Mahnruf der Toten verstanden hat, die Deutsche Sache hoch zu halten, und wenn es sein muß Leib und Leben für sie zu geben.«[18] Es wird deutlich, welche Funktion das kollektive Erinnern in Tanga hatte: eine gemeinsame Identität sollte in Zusammenhang mit kolonialen Besitzansprüchen bekräftigt werden.

Meinhof zeigte sich begeistert von Dammanns Aktivitäten in Tanga und wandte sich gleich an Lettow-Vorbeck, um ihm das Programm der Feier zu schicken. Dieser hatte unlängst in Meinhofs Abteilung des »Ausschusses für Auslands- und Kolonialkunde« der Universität »einen entzückenden Vortrag [...] nach seiner frischen Weise« gehalten, »eine Art Höhepunkt für unsere afrikanische Gruppe«. Lettow-Vorbeck werde, so hoffte Meinhof, »gerade diese schöne Zusammenarbeit der allerverschiedensten Kreise ausserordentlich wohltun«. Diesem meldete er die Feier als »ein schönes Zeichen für das Bewusstsein der Zusammengehörigkeit unter den Deutschen und zugleich für die Arbeit meines guten Freundes Dammann«.[19]

In den kommenden drei Jahren folgten weitere Feierlichkeiten neben den regulären hoch- und plattdeutschen Gottesdiensten Dammanns: anlässlich der Schlacht bei Tanga, zum Volkstrauertag sowie zum Geburts- und Todestag des Reichspräsidenten Hindenburg. Durch sie hoffte Dammann, »das Deutschtum wieder etwas fester zusammen[zu] schließen«, wie er Meinhof schrieb.[20] Dazu lud er teils in doppelter Funktion mit zweifach ausgeführten Einladungsschreiben ein: als Pastor der evangelischen Gemeinde und als NSDAP-Ortgruppenleiter. So forderte er etwa zur Teilnahme am Feldgottesdienst zum Volkstrauertag 1936 auf – für die Parteigenossen mit anschließender Versammlung zur Übernahme der neuen Ortsgruppenfahne. »Unentschuldigtes Fortbleiben von dieser Versammlung gilt als ›Interesselosigkeit‹ (§4 der Satzung der N.S.D.A.P.). Heil Hitler!«[21]

[18] SHLB Kiel, Cb 179, Kasten 5: Ruth Dammann: Ein deutscher Gedenktag in Afrika [1933/34].

[19] StA HH, 364-13 Abl. 2002/04-86: Meinhof an Generalmajor von Lettow-Vorbeck, Bremen, 23.12.1933; Meinhof an Dammann, Tanga, 27.12.1933; vgl. auch Meinhof an Dammann, Tanga, 30.6.1933.

[20] Ebd.: Dammann, Tanga, an Meinhof, 4.9.1934.

[21] SHLB Kiel, Cb 179, Kasten 1: NSDAP, Ortsgruppe Tanga, Ortsgruppenleiter Dammann, Einladung zum Feldgottesdienst am Volkstrauertag [1936]; Deutsche Evangelische Kirchengemeinde Tanga, Pastor Dr. Dammann, Einladung zum

Auch den Mythos der »treuen« Askari und Träger griff Dammann in Tanga wiederholt auf, denn »die schwarzen Soldaten, die *askari*, und die Kompanieträger, die *wapagazi*, die alles Kriegsmaterial auf dem Kopf transportieren mußten, bewunderten und verehrten« Lettow-Vorbeck.[22] Um die bei der Schlacht bei Tanga gefallenen Askari und Träger für ihre »unverbrüchliche Treue«[23] zu ehren, ließen die Dammanns 1935 einen Findling von einer deutschen Plantage nach Tanga bringen und auf dem Ngoma-Platz mit einer Bronzeplatte versehen und aufstellen. Die Swahili-Inschrift lautete:

Hawa ni waume wa kani	*Diese sind Männer der Standhaftigkeit,*
Walio wapigani.[24]	*die Kämpfer waren.*

Auch in der *Afrika-Rundschau* berichtete Dammann in der Rubrik »Das Deutschtum in Afrika« von der Errichtung eines »deutsche[n] Suahelidenkmal[s] in Tanga« in »unserm alten Deutsch-Ostafrika«. Nach der neuen Tafel am Denkmal für die gefallenen deutschen Soldaten habe er sich um die würdige Herrichtung des Massengrabs der Askari und Träger gekümmert, wobei »das Mal für die Eingeborenen nicht großartiger wirken [durfte] als [das] für die Europäer«. »Wir haben mit seiner Errichtung unsern schwarzen Mitkämpfern gegenüber eine Ehrenpflicht erfüllt. Und alle Eingeborenen, die an dem Stein vorübergehen, sehen, daß Deutschland seine einstigen Untertanen nicht vergißt.«[25] Einmal mehr sollten die toten »treuen« Askari die Verdienste deutscher Kolonialpolitik herausstellen und neue koloniale Ansprüche begründen.

Bis ins hohe Alter verbreitete Dammann den Mythos des uneigennützigen und »ritterlichen« Kämpfers Lettow-Vorbeck, der »in hoher Verantwortung für Weiß und Schwarz« gehandelt habe: ein »Vorbild eines Führers, an dem alle, Schwarze und Weiße, hingen«.[26] So wurde Dammann nach dem Zweiten Weltkrieg Mitglied eines Hamburger

Feldgottesdienst am Volkstrauertag [1936]; vgl. auch Anordnung fuer den Feldgottesdienst am Volkstrauertag den 8. Maerz 1936 auf dem Ngomaplatz zu Tanga.

22 E. Dammann: 70 Jahre erlebte Afrikanistik, S. 49.

23 Ebd., S. 15.

24 SHLB Kiel, Cb 179, Kasten 5: Dammann: Das Kirchenbuch der einstigen deutschen evangelischen Kirchengemeinde Tanga, Ostafrika, 1987, S. 11f.; vgl. Dammann: Kriegsgräberfürsorge in Tanzania, Mai/Juni 1988.

25 Ernst Dammann: »Ein deutsches Suahelidenkmal in Tanga«, in: Afrika-Rundschau 1 (1935/36), S. 338.

26 E. Dammann: 70 Jahre erlebte Afrikanistik, S. 102 u. S. 15, vgl. auch S. 118.

»Kreis[es] alter Ostafrikaner« und wirkte 1955 an der Errichtung eines Kolonialkriegerdenkmals in Aumühle mit, das den Generalleutnant mit je einem Askari und Träger zeigt.[27] Als Lettow-Vorbeck 1964 starb, erhielt er ein Begräbnis mit militärischen Ehren der Bundeswehr. Der in »Deutsch-Ostafrika« geborene Bundesverteidigungsminister Kai-Uwe von Hassel (CDU), zuvor Ministerpräsident Schleswig-Holsteins, später Bundestagspräsident, wiederholte am Grabe Lettow-Vorbecks den Mythos des »im Felde unbesiegt[en]«, durch ritterliche und zutiefst menschliche Kriegsführung ausgezeichneten Generals und erhob ihn »offiziell zum Leit- und Vorbild der Bundeswehr«.[28] Dammann kannte den Spitzenpolitiker, der im Zweiten Weltkrieg einer Dolmetscherkompanie angehörte und eine Sammlung von Swahili-Texten der Zeitschrift *Mambo Leo* herausgab. Er fühlte sich bei Hassel in seiner Sichtweise des Kolonialismus und seiner Verteidigung der südafrikanischen Apartheid bestätigt.[29] Nicht zufällig widmete er seine Autobiographie dem Andenken Hassels.[30]

Koloniale Swahili-Propaganda

Zurück nach Tanganyika: Dammann richtete sich nicht nur an die deutsche Gemeinschaft. Er nutzte seine Swahili-Kenntnisse und die Publikationsmöglichkeiten der Mission auch für koloniale und nationalsozialistische Propaganda für afrikanische Leser:innen. Von Juni 1934 bis Juli 1935 verantwortete Dammann die Rubrik »Yafanyikayo ulimwenguni« (»Was auf der Welt geschieht«) in der monatlich erscheinenden Zeitschrift *Ufalme wa Mungu* (»Das Königreich Gottes«) der Bethel-Mission. In diesen Texten präsentierte er einen Nachrichtenüberblick auf Swahili. Einen Großteil der Nachrichten machten Berichte über Königshäuser, Staatschefs und deren Reisen aus – über ›große Männer‹, die die Welt regierten. Dammann ordnete die Berichte in einen religiösen Kontext ein. So endeten seine Texte etwa mit »Tusisahau kumpiga asante Bwana Mungu, kwani yeye ndiye anayetupa

[27] Ebd., S. 49 u. S. 118f.

[28] U. Schulte-Varendorff: Kolonialheld für Kaiser und Führer, S. 125–127.

[29] E. Dammann: 70 Jahre erlebte Afrikanistik, S. 86 u. S. 281.

[30] Ebd., n. pag. (Widmung).

kila kipaji chema.« – »Wir dürfen nicht vergessen, Gott dem Herrn zu danken, denn er ist es, der uns jede gute Gabe gibt.«[31]

Dammann nutzte diese Rubrik aber auch, um Propaganda im Sinne des nationalsozialistischen Staats unter Swahili sprechenden Afrikaner:innen zu verbreiten. So berichtete er im August 1934 über Verhandlungen zwischen Hitler und Mussolini:

> *Mmeyasikia majina ya bwana Hitler, waziri mkubwa wa Wadachi, na ya bwana Musolini, waziri mkubwa wa Waitalia. Wote wawili wamewasaidia watu wao sana wakimaliza kugombana kati ya raia zao. Tena wamewatafutia watu kazi na mshahara. Ndipo wanapotaka utengemano katika makabila yao na katika dunia. Kwa sababu hiyo wamekutana kusemezana kwa mambo yote ya tawalo zao. Wakubwa wenye nia njema wakiufanya mkutano wao, tunafurahi, kwani mambo ya dunia yetu, isiyo na utengemano, yanataka kutengenezwa na watu waliopewa nguvu na Bwana Mungu za kuyatawala makabila yao.*[32]

> *Ihr habt bereits die Namen von Herrn Hitler, dem großen Minister der Deutschen, und von Herrn Mussolini, dem großen Minister der Italiener, gehört. Beide haben ihren Landsleuten sehr geholfen, als sie die Konflikte unter ihnen beendet haben. Außerdem haben sie den Menschen Arbeit und Lohn gebracht. Nun wollen sie Stabilität zwischen ihren Völkern und auf der Welt. Aus diesem Grunde haben sie sich getroffen, um miteinander über alle Angelegenheiten ihrer Regierungen zu sprechen. Wenn sich die Großen mit guten Absichten treffen, freuen wir uns, denn die Dinge unserer Erde, die keine Stabilität hat, wollen in Ordnung gebracht werden von Leuten, denen Gott der Herr die Stärke gegeben hat, über ihre Völker zu herrschen.*

Dammann zeichnete das Bild zweier von Gott legitimierter Anführer, die der Welt Frieden brächten und für die die afrikanischen Leser:innen Dankbarkeit empfinden sollten. In einem Anfang 1935 veröffentlichten Text verteidigte er darüber hinaus die Verfolgung von Jüdinnen und Ju-

[31] Ernst Dammann: »Yafanyikayo ulimwenguni« [Juni], in: Ufalme wa Mungu 8 (1934), S. 47f., hier S. 48.

[32] Ernst Dammann: »Yafanyikayo ulimwenguni« [August], in: Ufalme wa Mungu 8 (1934), S. 64.

den in Deutschland. Vermutlich stand hinter diesem Text insbesondere die Absicht, die Politik und das Ansehen des nationalsozialistischen Deutschlands gegen Vorwürfe in britischen Publikationen zu verteidigen: Dammann schrieb gegen das an, was er später als »antideutsche Propaganda« in britischen Swahili-Zeitungen bezeichnete.[33] In diesem Text offenbarte er seinen christlich geprägten Antisemitismus:

> *Ziko sehemu mbili za Wayuda wa siku hizi. Wengine huzifuata dini na desturi zao zilizoandikwa katika Agano la kale na katika maandiko ya waandikaji wao. Wanafanya bidii ya kumtumika Bwana Mungu. Lakini kwa kutomjua Bwana Yesu hawawezi kumtumikia kweli. Wengine wameiacha dini yao, wasimtegemee Mungu wala kuyafuata maagizo yake. Huona tamaa za mali na chumo tu. Mara nyingine hujaribu kuwa viongozi wa biashara na mambo yote ya mapesa na mambo mengi ya ujuzi. Huwatawala makabila na nguvu ya mapesa yao na kuwadanganya na kuwashinda. Lakini mara nyingi makabila wanajaribu kuwazuia Wayuda wasifanye utawalo wao wa mapesa. Vivyohivyo ndivyo ilivyofanya serikali ya Wadachi miaka iliyopita. Haitaki kuwafanyia Wayuda mabaya, haikumwua Muyuda hata mmoja, haikuwafukuza Wayuda katika nchi ya Udachi. Hata sasa maelfu 500 au 600 wanakaa huku Udachi. Wana utengemano, wanaifuata kazi yao, lakini kuwatawala na kuwashurutisha wale, wasio Wayuda, wanakatazwa.*[34]

> *Es gibt zwei Arten von Juden dieser Tage. Die einen folgen ihrer Religion und ihren Sitten, die im Alten Testament und in den Schriften ihrer Schriftgelehrten niedergeschrieben sind. Sie geben sich Mühe, Gott dem Herrn zu dienen. Aber da sie Jesus nicht kennen, können sie ihm nicht wirklich dienen. Die anderen haben ihren Glauben aufgegeben, sie vertrauen nicht mehr auf Gott, noch folgen sie seinen Geboten. Sie sind nur gierig nach Besitz und Profit. Manchmal versuchen sie, die Anführer des Handels und aller*

[33] Ernst Dammann: »Antideutsche Propaganda in einer Suaheli-Zeitung«, in: Afrika-Rundschau 5 (1939/40), S. 114f.

[34] Unter diesem Text steht nicht der Name Dammanns, jedoch auch kein anderer Name. Da Dammann die Rubrik von Juni 1934 bis Juli 1935 durchgängig ohne Ausnahme schrieb, spricht alles dafür, dass er der Autor dieser Zeilen ist. [Ernst Dammann:] »Yafanyikayo ulimwenguni« [Januar], in: Ufalme wa Mungu 9 (1935), S. 31f., hier S. 32.

Geldgeschäfte und vieler Kenntnisse zu werden. Sie beherrschen Völker mit der Kraft ihres Geldes und betrügen und bezwingen sie. Aber oft versuchen die Völker, die Juden davon abzuhalten, ihre Geldherrschaft zu errichten. Genauso machte es die Regierung der Deutschen in den vergangenen Jahren. Sie will den Juden nichts Schlechtes antun, sie hat nicht einen einzigen Juden umgebracht und die Juden nicht aus Deutschland verjagt. Auch jetzt leben 500.000 oder 600.000 Juden dort in Deutschland. Sie sind in Sicherheit, sie gehen ihrer Arbeit nach, aber über jene, die keine Juden sind, zu herrschen und sie zu nötigen, ist ihnen verboten.

Auch nach seiner Rückkehr nach Hamburg setzte Dammann seine Swahili-Kenntnisse zu politischen Zwecken ein. In einem Text für die *Afrika-Rundschau* zeigte Dammann anhand des Jahrgangs von 1939 der Swahili-Zeitung *Mambo Leo* (»Dinge von heute«), wie die britische Regierung vermeintlich »einseitig in antideutscher Weise auf die Urteilsbildung der Eingeborenen zu wirken versucht«. Er führte die »gegen uns gerichteten Meldungen« auf, darunter Berichte über die Verfolgung von Jüdinnen und Juden im nationalsozialistischen Deutschland und der Text »eines Eingeborenen der englischen Universitätenmission unter der Überschrift: ›Es ist angebracht, daß den Juden geholfen wird.‹« Diese Berichte seien ein Beweis dafür, »wie England skrupellos seine eigensüchtige Politik in unserer Kolonie verfolgt«. Das sei nicht nur eine »Diskriminierung Deutschlands«, sondern »geradezu ein Verbrechen an der weißen Rasse, daß die europäischen Händel vor den Augen der Farbigen in einer solchen Weise behandelt werden, die dem Ansehen des weißen Mannes nur abträglich sein kann.«[35] Im Gegensatz zu früheren Aussagen sprach Dammann hier ohne Zurückhaltung von dem »unter englischer Mandatsverwaltung« stehenden »Deutsch-Ostafrika« als »unserer Kolonie«. Der schärfere Ton deutet darauf hin, dass der Text bereits in Zusammenhang mit konkreten nationalsozialistischen Kolonialplanungen stand, in deren wissenschaftliche Begleitung er eingebunden war (vgl. dazu das Fazit).

Festzuhalten ist, dass Dammann für die missionarische Arbeit bald nach seiner Ankunft kaum noch Interesse aufbrachte. Er stellte seine Tätigkeit in Tanga stattdessen in den Dienst der deutschen Gemeinschaft, die er als evangelischer Pastor und NSDAP-Ortsgruppenleiter in ihrer kolonialen Identität zu stärken versuchte. Dazu nutzte er ins-

[35] E. Dammann: Antideutsche Propaganda in einer Suaheli-Zeitung.

besondere das Erinnern an die Kämpfe der »Schutztruppe« im Ersten Weltkrieg, deren Grausamkeit durch die Glorifizierung Lettow-Vorbecks und der »treuen« Askari verdeckt wurde. Auch wandte er sich auf Swahili an Afrikaner:innen im Mandatsgebiet, um die Politik des nationalsozialistischen Deutschlands zu verteidigen. Doch barg Dammanns Engagement für das koloniale »Deutschtum« und den Nationalsozialismus, das er im Zweifel über die Loyalität zu seinen Missionarskollegen stellte, Konflikte mit seiner Missionsgesellschaft.

4.2 Konflikte mit der Bethel-Mission

Wegen der Rolle, die Dammann innerhalb der deutschen Gemeinschaft in Tanganyika einnahm, geriet er in Konflikte mit der Bethel-Mission. Zuerst stieß seine Funktion in der NSDAP auf Missfallen, wie Helen-Kathrin Treutler mithilfe der Akten der Bethel-Mission nachzeichnet. Dammann stellte seine Vorgesetzten, den Usambara-Präses Hermann Personn und den Betheler Missionsinspektor Curt Ronicke vor vollendete Tatsachen. »Auf kritische Nachfragen der Missionsleitung begründet Dammann sein Engagement in der NSDAP mit dem ihm von den Deutschen im Tanganyika Territory entgegengebrachten Vertrauen«, das er nicht enttäuschen wolle. Bethel äußerte keine Kritik an der Mitgliedschaft ihrer Missionare in der NSDAP oder der vielfältigen Kooperation mit der Partei und deren Presse. Ob Missionare aber auch Parteiämter übernehmen sollten, wurde in der Mission diskutiert und schließlich ablehnend beschieden. Ronicke wollte zwar kein »offizielle[s] Verbot der Ämterübernahme« aussprechen, machte Dammann aber klar, dass sein Handeln nicht erwünscht war. Man befürchtete, die Stellung der deutschen Mission in fremden Kolonien könnte durch Parteilichkeit in Gefahr geraten. Auch sah man die Gefahr, dass Dammann seine missionarischen Aufgaben vernachlässigte und Loyalitätskonflikte zwischen Partei und Mission entstünden. Dammann ließ sich jedoch »in seiner Begeisterung für den Nationalsozialismus und für die Übernahme der politischen Ämter« nicht beirren.[36]

[36] H.-K. Treutler: Die Bethel-Mission zwischen 1933 und 1945, S. 84–89, Zitate S. 85 u. S. 89; G. Menzel: Die Bethel-Mission, S. 350f.

Konflikte um die Friedrich-von-Bodelschwingh-Schule

Die Konflikte zwischen Dammann und der Mission traten 1934 in der Auseinandersetzung um die von der Bethel-Mission betriebene Friedrich-von-Bodelschwingh-Schule in Lwandai (Mlalo) zutage. Die 1908 gegründete, im Ersten Weltkrieg aufgelöste und nach der Rückkehr der deutschen Missionare 1929 wiederbegründete Lehreinrichtung stand in erster Linie für Kinder deutscher, aber auch anderer europäischer Siedlerfamilien in Tanganyika offen. Finanziell wurde sie durch das Auswärtige Amt und das deutsche Konsulat in Nairobi unterstützt. Nach 1933 spiegelte sich hier der Nationalsozialismus auch im Schulalltag wider: durch Hakenkreuzflaggen, das Horst-Wessel-Lied, verpflichtende Hitlergrüße, Hitlerjugend und gemeinsame Feiern der deutschen Schule mit der NSDAP – eine Entwicklung, der sich die Mission nicht verschloss.[37]

Zum Konflikt kam es, als die Schule und damit die Bethel-Mission 1934 »aus ihrem deutschen Umfeld heraus ernsthaft angegriffen wurden«.[38] Wortführend war der Deutsche Bund, der sich als alleiniger Vertreter des »Deutschtums« in Ostafrika verstand. Er wollte alle deutschen Schulen im Mandatsgebiet unter seiner Führung zusammenbringen und übte Druck auf die Mission aus. Im März 1934 kam es zu Beratungen über die Zukunft der Schule: Während Dammanns Vorgesetzter, der Usambara-Präses Personn, an den Gesprächen als Vertreter der Mission teilnahm, vertrat Dammann die Interessen der NSDAP. Eine Schließung der Missionsschule wurde schließlich durch Verhandlungen im Auswärtigen Amt in Berlin verhindert. Der Leiter des Deutschen Bundes Schönfeld legte nun nach und warf der Bethel-Mission »Verstösse gegen den Rassenstandpunkt« und Vergehen gegen »unser weißes Blut« vor. Es standen verschiedene Vorwürfe im Raum, die insbesondere den Kontakt der deutschen Schule mit der nahegelegenen Zentralschule der Mission für afrikanische Schüler:innen betrafen, darunter dass deutsche Lehrerinnen afrikanische Kollegen zum Essen eingeladen hatten.[39] Um die rassistischen Vorwürfe zu erhärten, wurde

37 H.-K. Treutler: Die Bethel-Mission zwischen 1933 und 1945, S. 90–100; F. Tiletschke: Die Bethel-Mission in Ostafrika 1885–1970, S. 361.

38 H.-K. Treutler: Die Bethel-Mission zwischen 1933 und 1945, S. 103.

39 »Der Neger ist kein Mensch im weißen Sinne, und wird es auch niemals werden [...]. Hier geht es um unsere weißen Kinder, für die ich als Führer des Deutschtums in Ostafrika verantwortlich bin. In dieser Hinsicht könnte ich mich nie zu Kompromissen entschließen. Es geht um unser weißes Blut!« (Schönfeld an

ein Untersuchungsausschuss eingerichtet, dem Dammann im Auftrag des Deutschen Bundes angehörte. Seine Missionskollegen, darunter Personn, saßen im Gegensatz zu ihm ohne Stimmrecht mit am Tisch.[40]

Im Zuge der Untersuchung traten auch Vorkommnisse zutage, die die Hamburger Afrikanistik betrafen. So sei ein Student Meinhofs, der von 1930 bis 1931 von der Bethel-Mission beherbergt wurde, mehrfach in die Schlafsäle des Internats eingedrungen und habe zwei zwölfjährige Mädchen wiederholt vergewaltigt.[41] Dabei muss es sich um Dammanns Kollegen Paul Berger gehandelt haben, der sich zu Sprachforschungen Anfang der 1930er Jahre in Ostafrika, unter anderem auf der Missionsstation Mlalo, an der sich die Schule befand, aufhielt. Er wurde 1934 Hilfsarbeiter an Meinhofs Seminar und promovierte 1937 mit einer in der *Zeitschrift für Eingeborenen-Sprachen* veröffentlichten Arbeit zu »Perfektstämme[n] in den Bantusprachen«, wechselte jedoch 1940 an das Rassenkundliche Institut und holte dafür sein angefangenes Medizinstudium nach. 1951 approbiert praktizierte er schließlich als Psychiater und Neurologe in Hamburg.[42] Bergers in den 1930er Jahren gesammeltes Material wurde nach seinem Tod 1986 dem Hamburger Seminar übergeben. In den folgenden Jahren entstanden daraus mehrere Arbeiten, darunter eine Übersetzung und Edition seiner Sprachproben des Iraqw, einer in der Region um Arusha im Norden Tanzanias gesprochenen Sprache, die der Hamburger Afrikanistik-Professor Roland Kießling erstellte.[43] Im Gegensatz zum Sprachmaterial haben

Bodelschwingh, 9.5.1934) In einem weiteren Brief an Bodelschwingh (12.5.1934) konstruiert Schönfeld angesichts der »Überbevölkerung« einen »Lebenskampf«, für den »unsere weißen Kinder« vorbereitet werden sollen, »damit sie schließlich den Schwarzen nicht zum Opfer fallen«. H.-K. Treutler: Die Bethel-Mission zwischen 1933 und 1945, S. 103–111, Schönfeld zit. n. S. 107; G. Menzel: Die Bethel-Mission, S. 353–359, Schönfeld zit. n. S. 356 u. S. 357f.; F. Tiletschke: Die Bethel-Mission in Ostafrika 1885–1970, S. 361–371.

40 H.-K. Treutler: Die Bethel-Mission zwischen 1933 und 1945, S. 103–111; G. Menzel: Die Bethel-Mission, S. 353–359; F. Tiletschke: Die Bethel-Mission in Ostafrika 1885–1970, S. 361–371.

41 H.-K. Treutler: Die Bethel-Mission zwischen 1933 und 1945, S. 111f.; F. Tiletschke: Die Bethel-Mission in Ostafrika 1885–1970, S. 364f.

42 Paul Berger: Die mit B. -île gebildeten Perfektstämme in den Bantusprachen, Berlin 1938, S. 287; Paul Berger/Roland Kießling (Hg.): Iraqw Texts (= Archiv afrikanistischer Manuskripte, Band 4), Köln 1998, S. 5; H. Stoecker: Afrika als DFG-Projekt, S. 149; E. Dammann: 70 Jahre erlebte Afrikanistik, S. 79f.; StA HH, 364-13 Abl. 2002/04-85: I. Westermann an Dammann, Luftgaupostamt Hamburg 1, 17.6.1940.

43 P. Berger/R. Kießling (Hg.): Iraqw Texts, »Thanks«, n. pag.

die Bedingungen, unter denen Bergers Forschung erfolgte, bislang keinen Eingang in die afrikanistische Literatur gefunden.

Die vermutliche mehrfache Vergewaltigung von Kindern durch den Afrikanisten Berger hatte bei den Untersuchungen 1934 in Lwandai nicht das Potenzial zum Skandal. Unter Dammanns Beteiligung wurde der Vorfall erfolgreich vertuscht, um die berufliche Zukunft des Geständigen nicht unnötig zu gefährden.[44] Skandalös waren die letztlich nicht belegbaren Kontakte zwischen den deutschen und afrikanischen Lehrer:innen und Schüler:innen. Ein Gutachten wurde vom Ausschuss erstellt und an den Leiter des Deutschen Bundes in Berlin weitergeleitet. Letztlich wurde der Schulbetrieb mit Unterstützung des Auswärtigen Amts und der NSDAP – die in Tanganyika mit dem Deutschen Bund um den Anspruch der Vertretung des »Deutschtums« konkurrierte – fortgeführt.[45]

Der Bruch mit der Mission

Das Verhältnis zwischen Dammann und dem Großteil seiner Missionarskollegen war zerstört. Es kam fortan immer wieder zu Konflikten mit den anderen Betheler Missionaren, auch um die Ausrichtung der Missionsarbeit: Als der Arzt Samuel Müller im November 1934 anregte, die Missionspraxis angesichts der Kritik afrikanischer Pastoren grundsätzlich zu überdenken und eine »sukzessive Übergabe der gesamten geistlichen, finanziellen und organisatorischen Gemeindeversorgung an die einheimischen Leitungskräfte« anzustreben, kam es zu intensiven Diskussionen unter den Missionaren. Während sich Usambara-Präses Personn offen für die Reformvorschläge zeigte, stach Dammann durch eine »radikale Ablehnung von Veränderungen« hervor: Angesichts eines möglichen Streiks afrikanischer Lehrer:innen, die sich wie Sklaven behandelt fühlten, schrieb Dammann in einer Gegenschrift zu Müllers Reformvorschlägen im Februar 1935: »Ich hätte oft nicht übel Lust, den Polizeiknüppel über diese Faulpelze zu schwingen und sie, die oft die grössten Bettler sind, gehörig durchzuprügeln und zur Arbeit zu zwingen.« Die Mission solle sich in Dammanns Augen

44 F. Tiletschke: Die Bethel-Mission in Ostafrika 1885–1970, S. 367, FN 243.

45 H.-K. Treutler: Die Bethel-Mission zwischen 1933 und 1945, S. 111–115; G. Menzel: Die Bethel-Mission, S. 359; F. Tiletschke: Die Bethel-Mission in Ostafrika 1885–1970, S. 372f.

nicht in Richtung selbstständiger afrikanischer Kirchen entwickeln, sie müsse vielmehr als eine Art »Gerichtsvollzieher« mit dem »Knüppel« vorgehen.[46]

Differenzen in der Haltung gegenüber afrikanischen Mitarbeiter:innen vor Ort traten offen zutage. So merkte Personn gegenüber der Missionsleitung in Bethel an, dass Dammann »von seinem Rassestandpunkt aus [...] eine andere Stellung zu unseren Schwarzen ein[nimmt], als wir anderen es tun«. Er schilderte dem Missionsinspektor Ronicke seine Beobachtung, dass Dammann einem der Evangelisten-Schüler der Mission »nur unter größter Überwindung die Hand [gab], etwas, was mir bei der Freude des Wiedersehens eine Selbstverständlichkeit gewesen wäre!«[47] Auch Friedrich von Bodelschwingh sprach rückblickend im August 1935 nach Dammanns Entlassung von einer »vielleicht unvermeidbare[n] Auseinanderentwicklung« zwischen ihm und den anderen Missionaren angesichts der »verschärfte[n] Rassenfrage unserer Zeit« (vgl. auch den Exkurs in Kapitel 5).[48]

Der zweite große Streitpunkt zwischen Dammann und seinen Vorgesetzten war sein fehlendes Interesse daran, überhaupt seinen missionarischen Aufgaben nachzukommen. Bodelschwingh nannte es später seine »innere Lösung von der eigentlichen missionarischen Aufgabe«.[49] Insbesondere mit Personn befand er sich im andauernden Konflikt über die Priorisierung der kirchlichen Arbeit an den Deutschen gegenüber der Missionierung. So lastete Dammann Personn in einem internen Bericht Mitte 1935 an, »die eigenen Landsleute in der deutschen Gemeinde ›wie Luft‹ und die einheimischen Christen ›überfreundlich‹ zu behandeln«.[50] Er hielt Personn als Präses für gänzlich ungeeignet, da er – wie er Meinhof schrieb – an ihm »alles vermisse, was zu einem Leiter eines Missionsfelds besonders in der Jetztzeit gehört«. Personn stehe »der Arbeit an den Deutschen vollkommen verständnislos gegenüber«, er befinde sich im Konflikt mit den »deutschen Vereinigungen« und scheine nicht gewillt, »unsern Landsleuten in jeder Beziehung zu

46 H.-K. Treutler: Die Bethel-Mission zwischen 1933 und 1945, S. 187–196, Zitate S. 187–189, Dammann zit. n. S. 195f.

47 Personn an Ronicke, 7.4.1934, zit. n. F. Tiletschke: Die Bethel-Mission in Ostafrika 1885–1970, S. 371.

48 SHLB Kiel, Cb 179, Kasten 8: Friedrich von Bodelschwingh der Jüngere, Bethel, an Dammann, 31.8.1935.

49 Ebd.

50 H.-K. Treutler: Die Bethel-Mission zwischen 1933 und 1945, S. 150.

dienen«.[51] Personn habe in Dammanns Augen die »Zeichen der Zeit«,[52] die nationalsozialistische Wende, nicht verstanden, da er die Mission nicht bedingungslos in den Dienst des kolonialen »Deutschtums« stellen wollte.

Bereits im Juni 1934, in der Zeit des Untersuchungsausschusses in Lwandai, schrieb Dammann an Meinhof, dass eine »gedeihliche Zusammenarbeit« mit seinen Missionskollegen auf die Dauer nicht möglich scheine. Daher wolle er mit seiner Frau nach dem nächsten Heimaturlaub nicht mehr zurückkommen.[53] Ganz so freiwillig wollte Dammann dann aber doch nicht gehen: Im Dezember 1934 wurde Dammann von Personn nach Vuga versetzt, um den dortigen Missionar während dessen Urlaubs zu vertreten. Das verweigerte Dammann, der die »unter Deutschen begonnene Arbeit« nicht aufgeben wollte.[54] Daraufhin rief ihn die Missionsleitung in Bethel im Januar 1935 ab und wies ihn an, mit dem nächsten Schiff nach Deutschland zurückzukehren. Dammann kündigte an, dass Vertreter der deutschen Gemeinde gegen seine Absetzung protestieren würden.[55] In den nächsten Wochen radikalisierte sich dieser Protest zusehends, worüber Dammann erfreut schien: er zeigte sich »sehr kampfeslustig« in der Auseinandersetzung »gegen das gegenwärtige ›System‹ mit allen Mitteln«. Personn seien aus der deutschen Gemeinschaft bereits »Prügel angeboten« worden.[56] Schließlich beschloss die Gemeinde, die Mission zukünftig zu boykottieren.[57]

Begleitet wurde die Kampagne vor Ort durch die Aktivitäten Meinhofs in Hamburg, der sich in den nächsten Monaten unermüdlich mit Drohungen und Denunziationen für den Verbleib Dammanns in Tanga einsetzte. Um die Aktivitäten Meinhofs, der sich mit Roehl in seinem Unverständnis über den »jetzigen Geist in Bethel« einig war,[58] einzuordnen, soll ein Blick auf die Rolle der Bethel-Mission und deren Direktor Friedrich von Bodelschwingh in den kirchenpolitischen Auseinandersetzungen im Nationalsozialismus geworfen werden.

[51] StA HH, 364-13 Abl. 2002/04-86: Dammann, Tanga, an Meinhof, 17.1.1935.
[52] Ebd.: Dammann, Tanga, an Meinhof, 4.4.1935.
[53] Ebd.: Dammann, Tanga, an Meinhof, 21.5.1934.
[54] Ebd.: Dammann, Tanga, an Meinhof, 28.12.1934.
[55] Ebd.: Dammann, Tanga, an Meinhof, 17.1.1935.
[56] Ebd.: Dammann, Tanga, an Meinhof, 1.3.1935.
[57] Ebd.: Dammann, Tanga, an Meinhof, 4.4.1935.
[58] Ebd.: Meinhof an Roehl, Mosau b. Züllichau, 28.1.1935; Roehl, Mosau, an Meinhof, 30.1.1935.

Die Bethel-Mission im »Kirchenkampf«

Nach einer »nahezu ungebrochene[n] Bejahung der neuen Regierung und insbesondere Hitlers« in Bethel 1933 kamen bald Bedenken hinsichtlich der Rolle der Kirchen im neuen Staat auf. Man lehnte die durch die Nationalsozialisten unterstützten »Deutschen Christen« ab und wies die nationalsozialistische Kirchenpolitik zurück.[59] Als sich die protestantischen Landeskirchen bald nach der Machtübertragung zur Reichskirche vereinigten, stand die Wahl eines Reichsbischofs an. Der von den »Deutschen Christen« und Hitler unterstützte Kandidat Ludwig Müller unterlag Ende Mai 1933 Friedrich von Bodelschwingh, dem Direktor der Bethel-Mission und der diakonischen Bodelschwinghschen Anstalten. Doch dauerte dessen Amtszeit nicht lange an: Bereits im Juni musste er nach »von den Deutschen Christen mit starkem Rückhalt aus politischen Kreisen forcierte[n] heftige[n] Widerstand« das Amt niederlegen und wurde durch Müller ersetzt. Die Missionsgesellschaften fürchteten nun um ihre Selbstständigkeit. Sie organisierten sich angesichts der drohenden Gleichschaltung im Deutschen Evangelischen Missionstag und Missionsrat neu. In diesem nahm Bodelschwingh neben dem Direktor der Berliner Mission Siegfried Knak eine zentrale Rolle ein.[60]

Missionstag und -rat forderten das Bekenntnis der Missionsgesellschaften zur »Barmer Theologischen Erklärung« vom Mai 1934, dem theologischen Fundament der in Opposition zu den »Deutschen Christen« stehenden Bekennenden Kirche. Nach anfänglicher Zurückhaltung bekannte sich die Bethel-Mission ab Juli öffentlich zur Bekennenden Kirche. Knak und Bodelschwingh gründeten die Arbeitsgemeinschaft der missionarischen und diakonischen Werke mit Sitz in Bethel, um Freiheit und Gestaltungsspielraum der Missionsgesellschaften zu bewahren. Auch Usambara-Präses Personn begrüßte in einem Brief an die ostafrikanischen Missionare im Dezember 1934, »dass nun auch unsere Mission klar ihren Standpunkt ausgesprochen hat und alle es wissen können, wo wir stehen«.[61] Um diese Stellung Bethels in der Be-

59 H.-K. Treutler: Die Bethel-Mission zwischen 1933 und 1945, S. 25–28, Zitat S. 25; G. Menzel: Die Bethel-Mission, S. 347–350.

60 H.-K. Treutler: Die Bethel-Mission zwischen 1933 und 1945, S. 30–40, Zitat S. 32f.; vgl. Christoph Strohm: Die Kirchen im Dritten Reich, München 2020, S. 25–30.

61 H.-K. Treutler: Die Bethel-Mission zwischen 1933 und 1945, S. 44–53, Personn zit. n. S. 53; C. Strohm: Die Kirchen im Dritten Reich, S. 35–53.

kennenden Kirche, die partielle Opposition zum Nationalsozialismus, wusste Meinhof, der sich 1933 den »Deutschen Christen« anschloss,[62] und machte sie sich in Dammanns Angelegenheit zunutze.

Meinhofs Drohungen und Denunziationen

Wenige Tage nachdem er von Dammann die Nachricht über dessen Abberufung erhalten hatte, wandte sich Meinhof an den Berliner Missionsdirektor Siegfried Knak, der mit Bodelschwingh in der Bekennenden Kirche zusammenarbeitete. Meinhof berichtete von seinen Kontakten zu »einem der massgebenden Herren« in der »Auslandsstelle der Reichsleitung der N.S.D.A.P.«, mit dem er bereits über Dammann gesprochen habe, und forderte Knak auf, auf Bodelschwingh einzuwirken. Er drohte mit Konsequenzen. Die deutsche Gemeinschaft in Tanganyika werde sich beschweren, was in Deutschland registriert und sich auf die Haltung gegenüber der Mission auswirken würde. »Diese Abberufung wird den schon oft ausgesprochenen Vorwurf wieder aufleben lassen, dass die Mission nur an die Eingeborenen denkt aber die deutschen Landsleute vernachlässigt.« Meinhof sprach die partielle Gegnerschaft Knaks, Bodelschwinghs und der Bekennenden Kirche zum nationalsozialistischen Staat an, die »unberechtigte Misstimmung gegen die gegenwärtige Regierung in Missionskreisen«. Übertrage sich diese auf Usambara, sei dies »eine gefährliche Sache, und die Regierung hat zweifellos die Mittel in der Hand, um derartigem Unfug zu steuern«. Die Abberufung eines NSDAP-Ortsgruppenleiters werde als politisch motiviert gesehen werden, »und eine Missionsleitung sollte sich heute überlegen, ob sie Dinge tun will, die als Misstimmung gegen die Regierung aufgefasst werden können«.[63]

Knak versuchte Meinhof zu beschwichtigen. Er war bestens über Dammanns Fall informiert und legte dar, wie der Deutsche Bund gegen die Bethel-Mission und ihre Schule agierte, wie Dammann sich auf die Seite des Deutschen Bundes geschlagen und »über seine eigenen beträchtlich älteren und erfahreneren Mitarbeiter zu Gericht« gesessen hatte. Er gab Ronicke und Personn wegen deren »Einstellung dem Nationalsozialismus gegenüber« und wegen »Forderungen […], die mit

[62] R. Hering: Meinhof, Carl Friedrich Michael, Sp. 927.

[63] StA HH, 364-13 Abl. 2002/04-86: Meinhof an Missionsdirektor D. Knak, Berlin, 29.1.1935.

dem Geist des jetzigen Staates unnötig in Widerspruch standen«, allerdings eine Mitschuld an der Eskalation und bot an, Dammann in seine Mission aufzunehmen und nach Dar es Salaam zu entsenden.[64]

Mit Knak schien Meinhof keine zufriedenstellende Lösung zu finden. Spätestens ab Anfang März 1935 war Meinhof in regelmäßigen Briefkontakt mit Robert Fischer von der Auslandsorganisation der NSDAP, um ihn über die Entwicklungen in Tanga zu informieren. Fischer bestätigte Meinhof, »dass bereits seitens der Auslands-Organisation die nötigen Schritte eingeleitet worden sind, um die Belassung Pastor Dammanns auf seinem Posten in Tanga bei der Betheler Mission durchzusetzen«.[65] Meinhof zeigte sich erfreut und bekräftigte die Vorwürfe, indem er die »Erbitterung unter den Deutschen« in Tanganyika gegen die Bethel-Mission, die er der Lüge bezichtigte, herausstrich.[66]

Einen Monat später, nach einem weiteren Brief Dammanns aus Tanga, in dem dieser der Mission »Sabotage der Arbeit an den Deutschen« vorwarf,[67] und nachdem Meinhof von einem anderen Betheler Missionar erfahren hatte, der befürchtete, abberufen zu werden, »weil er wegen seines Interesses für Blut und Boden schon verdächtig wäre«,[68] war für Meinhof endgültig Schluss mit den Verhandlungen mit Knak. Meinhof teilte Knak mit, dass »die Deutsche Regierung es nicht dulden wird, dass man ohne Grund den Vertrauensmann der Nationalsozialistischen Partei in Ostafrika aus seinem Amt entlässt«. Die »Massregeln, die von Seiten der Regierung getroffen werden, können nicht nur für die Betheler Mission sondern überhaupt für die Mission sehr empfindlich sein.« Das, was in Tanganyika geschehen war, könne »ja nun leider nicht mehr verborgen bleiben«, fügte Meinhof scheinheilig hinzu.[69] Er machte seine Drohung wahr und denunzierte noch am selben Tag in schärferem Ton als zuvor Präses Personn und die Betheler Missionsleitung bei der Auslandsorganisation der NSDAP wegen ihres vermeintlichen Vorgehens gegen Parteigenossen.[70]

Knak versuchte, den Schaden zu begrenzen und die Verantwortung auf die Betheler Kollegen abzuwälzen. Die Leipziger, Herrnhuter und

64 Ebd.: Knak, Berliner Missionsgesellschaft, an Meinhof, 30.1.1935.
65 Ebd.: R. Fischer, NSDAP, Reichsleitung, Auslands-Organisation, Hamburg, an Meinhof, 11.3.1935.
66 Ebd.: Meinhof, Kitzingen, an R. Fischer, NSDAP-AO, 18.3.1935.
67 Ebd.: Dammann, Tanga, an Meinhof, 4.4.1935.
68 Ebd.: Meinhof an Dammann, Tanga, 23.4.1935.
69 Ebd.: Meinhof an Missionsdirektor Knak, Berlin, 23.4.1935.
70 Ebd.: Meinhof an R. Fischer, NSDAP-AO, Berlin, 23.4.1935.

Berliner Missionen würden das Verhalten der Bethel-Mission Dammann gegenüber nicht decken, »wenn es einmal nötig wäre, dazu Stellung zu nehmen, und das kann natürlich jeden Augenblick geschehen«. Er betonte, dass seine Missionare Mitglieder des Deutschen Bundes seien und einige »sogar Führerstellen in der N.S.D.A.P. bekleiden«.[71] Meinhof freute sich »ausserordentlich, aus Ihrem Brief zu ersehen, dass eine Reihe Ihrer Missionare in der NSDAP tätig sind, und dass die Leipziger, Herrnhuter und Berliner anders stehen als die Betheler Mission. Das wird natürlich der Regierung bekannt sein und wird die nötige Berücksichtigung erfahren.«[72] Das bedeutete, dass er auch diese Information umgehend an seinen Vertrauensmann Fischer in der Auslandsorganisation der NSDAP weitergab.[73]

Es zeigte sich, dass Dammann durch seine Funktion in der deutschen Gemeinschaft Tanganyikas in Konflikt mit der ihn entsendenden Missionsgesellschaft geriet. Die Auseinandersetzungen entstanden durch Dammanns Übernahme eines Parteiamtes in der NSDAP und seine Vernachlässigung der missionarischen Arbeit. Sie äußerten sich auch in der abweichenden Haltung Dammanns gegenüber den afrikanischen Mitarbeiter:innen der Mission, in seinem »Rassestandpunkt«, wie es sein Vorgesetzter formulierte. Zum Bruch mit der Mission kam es, als sich Dammann bei einer rassistischen Kampagne auf die Seite der auslandsdeutschen Organisationen stellte und über Angehörige der Mission richtete. Meinhof und Dammann, sich der kirchenpolitischen Auseinandersetzungen im nationalsozialistischen Staat bewusst, nutzten ihre Beziehungen zur NSDAP für einen Angriff auf die Missionsgesellschaft, die sich in ihren Augen zu wenig dem kolonialen »Deutschtum« in Tanganyika andiente. Eine Lösung für den Verbleib Dammanns als Missionar der Bethel-Mission wurde nicht gefunden. Bis Mitte 1936 kam die deutsche Gemeinde in Tanga für Dammanns Gehalt und Unterkunft auf.[74] Meinhofs und Dammanns Interesse hatte sich inzwischen der Erforschung der klassischen Swahili-Dichtung zugewandt, die Dammann in Kenya betreiben sollte.

71 Ebd.: Knak, Berliner Missionsgesellschaft, an Meinhof, 24.4.1935.
72 Ebd.: Meinhof an Missionsdirektor Knak, Berlin, 25.4.1935.
73 Ebd.: Meinhof an R. Fischer, NSDAP-AO, Berlin, 25.4.1935.
74 Ebd.: Dammann, Tanga, an Meinhof, 1.3.1935; 4.4.1935.

5 Der nationale Wettlauf um Swahili-Manuskripte

Als sich das Ende seiner Zeit im Dienste der Bethel-Mission abzeichnete, berichtete Dammann Meinhof erstmals im Dezember 1934 von seinem Vorhaben, »in die Küstengegend nördlich von Mombasa« zu reisen. »Mich interessieren dort die sprachlichen Verhältnisse, Norddialekte der Suaheli, alte Suahelischriften usw.« Die Bearbeitung alter Swahili-Manuskripte war zu diesem Zeitpunkt nur eine Idee unter vielen, er wolle nach seiner Dienstzeit »noch einige Monate im Lande bleibe[n] und dies oder jenes bearbeite[n]«, etwa das Segeju, das Swahili in Pemba oder das Mbugu in den Usambara-Bergen, dessen sprachliche Klassifikation umstritten war. So fragte er Meinhof nach Möglichkeiten, diese Sprachforschungen vor Wiedereintritt in das Hamburger Seminar zu finanzieren, wenn die Gehaltszahlungen der Mission endeten.[1]

Aus »dies oder jenes bearbeite[n]« und »als Privatmann noch etwas sprachlich [...] arbeiten«[2] wurde ein konkreter Forschungsauftrag Meinhofs: Dammann sollte sich um die weitere Bearbeitung des alten Swahili-Epos »Chuo cha Herkal« (Buch des Herakleios, Utendi wa Tambuka) kümmern, dessen Manuskript der Missionar Krapf einst nach Deutschland brachte, dessen Edition und Übersetzung Büttner am Berliner Seminar begann und Meinhof schließlich veröffentlichte (vgl. Kapitel 2.2 und 2.3).[3] Für die Neubearbeitung des »Herkal« sollte Dammann einige Monate auf der Insel Lamu vor der kenyanischen Küste verbringen, dort »mit einem eingeborenen Gelehrten die ganze Arbeit durch[gehen]« und »Verbesserungen und Ergänzungen« zu der bestehenden Transkription und Übersetzung machen. Meinhof plante ein Beiheft der *Zeitschrift für Eingeborenen-Sprachen* zum »Herkal«. Dafür sollte parallel zu Dammanns Forschungen auch die arabische Dichtung, die dem Swahili-Epos zugrunde liegt, in Hamburg bearbeitet und übersetzt werden.[4] Meinhof arbeitete hierfür mit dem Orien-

1 Ebd.: Dammann, Tanga, an Meinhof, 18.12.1934.
2 Ebd.: Dammann, Tanga, an Meinhof, 17.1.1935.
3 C. G. Büttner/C. Meinhof: Chuo cha Herkal.
4 StA HH, 364-13 Abl. 2002/04-86: Meinhof an Dammann, Tanga, 18.1.1935; 1.2.1935.

talischen Seminar zusammen und konnte den Arabisten Martin Abel gewinnen, der dies zu seinem Dissertationsvorhaben machte.[5]

Meinhof formulierte Dammanns Forschung der Hochschulbehörde gegenüber schließlich auch nicht als Vorschlag, sondern als einen »Auftrag«.[6] Als Dammann sich die Möglichkeit offenhalten wollte, falls er kein neues Material zum »Herkal« erhielte, sich stattdessen mit anderen Swahili-Dichtungen »oder auch allgemein mit der Erforschung von Suahelidialekten« zu befassen,[7] wies ihn Meinhof zurecht: Seine eigentliche Aufgabe sei die Bearbeitung des »Herkal«. »Sie können ja Ihre dialektischen und literarischen Studien alle an das anschließen, was Sie in Bezug auf den Herkal erforschen.«[8] Die Jagd nach neuen Manuskripten bisher unveröffentlichter alter Swahili-Dichtungen, zu der sich Dammanns Forschung schließlich entwickelte, war 1935 in den Planungen noch ein mögliches Nebenprodukt, nicht primäres Ziel der Reise. »Vielleicht finden Sie auch weitere Handschriften«, ermunterte ihn Meinhof, der sich insbesondere für weitere Manuskripte des »Herkal« interessierte. Ob er tatsächlich etwas finde, sei »freilich ungewiss, und letzten Endes ist es Glückssache.«[9]

5.1 Zwischen transnationaler Planung und nationalistischer Deutung

Finanzierung

In der Finanzierung und Vorbereitung bewegten sich die Planungen zwischen transnationaler Kooperation britischer und deutscher Gelehrter und einer nationalistischen Deutung des Forschungsvorhabens. Zunächst stellte sich für Ruth und Ernst Dammann die Frage, wie sie die Reise und den Aufenthalt in Mombasa und Lamu finanzieren

5 Ebd.: Meinhof an Dammann, Tanga, 1.2.1935; 29.10.1935. Schließlich veröffentlicht als Martin Abel: Die arabische Vorlage des Suaheli-Epos Chuo cha Herkal. Textkritische Edition und Übersetzung. Ein Beitrag zur Kenntnis der legendären Maġāzī-Literatur (= Beihefte zur Zeitschrift für Eingeborenen-Sprachen, Band 18), Berlin, Hamburg 1938.

6 StA HH, 364-13 Abl. 2002/04-86: Meinhof an Landesunterrichtsbehörde Hamburg, Hochschulwesen, 3.4.1935.

7 Ebd.: Dammann, Tanga, an Meinhof, 17.10.1935.

8 Ebd.: Meinhof an Dammann, Tanga, 29.10.1935.

9 Ebd.: Meinhof an Dammann, Tanga, 18.1.1935; 1.2.1935; 29.10.1935.

sollten, wenn die Gehaltszahlungen der Mission versiegten. Dies war anfangs völlig offen. So bat Dammann nicht nur Meinhof um Rat, sondern wandte sich auch an seinen zweiten akademischen Lehrer Diedrich Westermann.[10] Dammann hoffte auf Mittel des Londoner International Institute of African Languages and Cultures (IAI), dessen Kodirektor der Berliner Ordinarius Westermann war. Meinhof hingegen bemühte sich, über die Deutsche Forschungsgemeinschaft (DFG) die notwendigen Gelder zu besorgen. Doch da es wegen Devisenschwierigkeiten unsicher war, ob das Geld auch in britischen Pfund in Tanganyika bereitgestellt werden könnte, war er mit Dammanns Anfrage »an das Afrikainstitut in London« einverstanden.[11] Damit standen anfangs die zwei großen Geldtöpfe, die Afrikanist:innen zur Finanzierung ihrer Forschung zur Verfügung standen, als mögliche Geldquellen zur Debatte.

Die 1920 als »Notgemeinschaft der deutschen Wissenschaft« gegründete DFG arbeitete nach dem Prinzip der wissenschaftlichen Selbstverwaltung in für die einzelnen Disziplinen zuständigen Fachausschüssen. Den auch für »Eingeborenen-Sprachen« zuständigen Fachausschuss für Völkerkunde leitete Meinhof ununterbrochen seit 1921. Damit »bestimmte [er] die Entwicklung der deutschen Afrikanistik in der Weimarer Zeit wie kaum sonst jemand«, wie Holger Stoecker feststellt. Zusammen mit dem Direktor des Hamburger Museums für Völkerkunde Georg Thilenius entschied er »weitgehend widerspruchsfrei« über afrikanistische und völkerkundliche Anträge auf Forschungsmittel. Seine *Zeitschrift für Eingeborenen-Sprachen* wie auch die Forschungen der Hamburger Seminarmitglieder wurden somit von der DFG gefördert. Auch nach 1934, als die Fachausschüsse abgeschafft wurden, blieb Meinhof als Gutachter einflussreich. Sein Zerwürfnis mit Westermann, unter anderem wegen Meinhofs Ablehnung von dessen »Engländerei«[12], also seiner Arbeit am IAI und für die britische Regierung, führte dazu, dass dessen DFG-Anträge abgelehnt wurden. Westermann konnte jedoch als Kodirektor des 1926 gegründeten IAI auf die umfangreichen Fördermöglichkeiten des Londoner Instituts und dessen Zeitschrift *Africa* zurückgreifen.[13]

[10] Ebd.: Dammann, Tanga, an Meinhof, 18.12.1934, vgl. auch Dammann, Tanga, an Meinhof, 17.1.1935.

[11] Ebd.: Meinhof an Dammann, Tanga, 1.2.1935.

[12] Zit. n. A. Eckert: Afrikanische Sprachen und Afrikanistik, S. 544.

[13] H. Stoecker: Afrika als DFG-Projekt, S. 147–150; F. Brahm: Wissenschaft und Dekolonisation, S. 127f.; S. Pugach: Africa in Translation, S. 164–167; P. Kal-

Ob es eine Bereitschaft Westermanns und des IAI gab, Dammanns Forschung zu finanzieren, ist unklar. Schließlich organisierte Meinhof die Mittel bei der DFG und das Projekt wurde dafür in ein nationalistisches Licht gerückt. Meinhof gab Dammann auf, von Tanga aus eine Eingabe an die DFG zu machen und mindestens 3.000 Reichsmark zu fordern. Er möge die Geldforderung »irgendwie spezialisier[en]«, damit sie nicht beliebig wirke. »Beachten Sie bitte, dass in Ihrem Antrag irgendwie hervorgehoben werden muss, dass die Arbeit für das Ansehen der deutschen Wissenschaft im Auslande von Wichtigkeit ist. Sie können das mit gutem Gewissen sagen, denn es bedeutet etwas, wenn das grösste ostafrikanische Epos ganz und gar von Deutschen bearbeitet wird.«[14] Diese Argumentation war, wie Stoecker feststellt, typisch für Anträge an die DFG in den kolonial geprägten Wissenschaften: »Insbesondere die nationalistisch aufgeladene Konstruktion eines wissenschaftlichen Wettbewerbs mit dem Ausland als Teil des ›kolonialen Wettlaufs‹ erwies sich während der Zwischenkriegsjahre als erfolgversprechende Antragsrhetorik.«[15]

Doch war der »koloniale Wettlauf« für Dammann und Meinhof nicht nur »Antragsrhetorik«. Schon zuvor hatte Dammann die afrikanistische Sprachforschung – wie auch Roehls Bibelübersetzung – in einen Zusammenhang nationaler Konkurrenz gerückt. So erschien im *Hochland*, der Monatszeitschrift des Deutschen Bundes, ein Beitrag Dammanns zur »Deutsche[n] Mitarbeit an der Erforschung ostafrikanischer Sprachen« in »unserer früheren Kolonie«. Darin würdigte er die Verdienste deutscher Missionare und Afrikanisten, »in das Dunkel der zuweilen so verschiedenen Sprachen Ostafrikas Licht zu bringen«, und hob insbesondere die Rolle des Hamburger Seminars hervor, auch bei der Erforschung der klassischen Swahili-Dichtung.[16] Mit dem Artikel wolle er – so erklärte er Meinhof – »unseren Landsleuten zeigen, was die Deutschen an der Erforschung ostafrikanischer Sprachen geleistet haben. Da das Hochland auch von einigen Engländern gelesen wird, kann man auch diesen etwas über deutsche wissenschaftliche Arbeit erzählen«.[17] Dies fügte sich in Dammanns Bemühungen um das koloniale »Deutschtum« Tanganyikas ein. Es sollte nicht nur der Sieg

laway: Westermann and the Ambiguities of Colonial Science.

14 StA HH, 364-13 Abl. 2002/04-86: Meinhof an Dammann, Tanga, 18.1.1935.

15 H. Stoecker: Afrika als DFG-Projekt, S. 151.

16 E. Dammann: Deutsche Mitarbeit an der Erforschung ostafrikanischer Sprachen, S. 133–135, Zitat S. 133.

17 StA HH, 364-13 Abl. 2002/04-86: Dammann, Tanga, an Meinhof, 1.3.1935.

Lettow-Vorbecks über die Briten in der Schlacht bei Tanga in Erinnerung behalten werden, sondern auch in der Sprachforschung sollten die Briten geschlagen werden.

Im September 1935 erhielt Meinhof schließlich die Nachricht, dass die DFG eine Beihilfe von 1.500 Reichsmark »für die abschliessende Bearbeitung des Suaheliepos über den oströmischen Kaiser Heraklius, das sogenannte Chuo cha Herkal« genehmigte. Nun bestand das schwierigste organisatorische Problem darin, angesichts der Devisenprobleme des Deutschen Reichs Dammann das bewilligte Geld in Fremdwährung auszuzahlen. Die DFG trug Meinhof auf, einen Weg zu finden, wie Devisen »von anderer Seite« beschafft und nach Tanganyika geschickt werden können.[18] Dammann wandte sich dazu an den Leiter der Wirtschaftsstelle der von ihm geleiteten NSDAP-Ortsgruppe: Der Betreiber der deutschen Medizinaldrogerie in Tanga bot ihm an, dass das Geld an das ihn beliefernde Handelshaus überwiesen werden könnte. Dieses würde dann »Waren, welche aus dem Zusatzausfuhrverfahren ausgeschaltet sind«, in Reichsmark bezahlen. Der Apotheker, dessen »amtliche Stellung in der Partei [...] für seine Zuverlässigkeit« bürge, würde Dammann dann aus seinen Geschäften den Gegenwert in Pfund auszahlen.[19] Mit diesem Trick könnte Dammann über Umwege an Devisen kommen. Ein weiteres Mal sollten ihm die auslandsdeutschen Netzwerke und seine Funktion in der NSDAP für seine Forschung zugutekommen.

Dieser eher dubiose Vorschlag wurde allerdings schnell wieder verworfen. Meinhof hatte sich unterdessen an den Hamburger Unternehmer Kurt Woermann gewandt, mit dem er parallel auch zur Finanzierung von Roehls Bibelübersetzung zusammenarbeitete. Ihm berichtete er von Dammanns anstehender Forschung zum »Herkal« und fragte, »ob Sie einen Weg wissen, wie man ihm den Betrag zukommen lassen kann, ohne die dafür bestehenden Vorschriften zu verletzen«.[20] Woermann erklärte sich umgehend bereit, sich der Sache anzunehmen, und trat selbst in Verhandlungen mit der Kolonial-Abteilung des Auswärtigen Amts. Er erhielt schließlich die Genehmigung, Dammann Devisen bereitzustellen.[21] Woermann ging dafür ein finanzielles Risiko ein; Meinhof hoffte, aber war sich keineswegs sicher, »dass es möglich

18 Ebd.: DFG, Berlin, an Meinhof, 10.9.1935.
19 Ebd.: Dammann, Tanga, an Meinhof, 17.10.1935.
20 Ebd.: Meinhof an Kurt Woermann, Hamburg, 13.9.1935.
21 Ebd.: Meinhof an Präsident der DFG, Berlin, 27.9.1935; 21.10.1935.

sein wird, ihm diese Devisen wieder zu ersetzen«.[22] Schließlich ließ Woermann Dammann im Februar 1936 über die Niederlassung seiner Firma in Freetown (Sierra Leone) 120 Pfund Sterling überweisen, für die er die Mittel von der DFG erhielt.[23] Wie schon an anderer Stelle berichtet, zog die DFG einige Monate später die Bewilligung wegen fehlender Devisengenehmigung zurück, und Woermann und Meinhof organisierten daraufhin die Umwidmung der Gelder für Roehls Bibelübersetzung (vgl. Kap. 3.2). Ob Woermann die Mittel für Dammann schließlich aus eigener Tasche übernahm, bleibt unklar.[24]

Transnationale Kooperation

Neben der finanziellen Absicherung der Forschung bereiteten sich Dammann und Meinhof inhaltlich auf die bevorstehenden Aufgaben vor. Meinhof ließ seine Notizen und offenen Fragen zum »Herkal« von Emmi Meyer abtippen und Dammann schicken.[25] Sie waren sich jedoch bewusst, dass Dammann die bisherigen Vorarbeiten von Büttner und Meinhof ohne Kontakte zu afrikanischen Experten an der nördlichen Swahili-Küste wenig nützen würden. Um mit diesen in Kontakt zu treten, waren sie auf ihre britischen Kolleg:innen angewiesen, die sich ebenfalls mit der Erforschung der klassischen Swahili-Dichtung beschäftigten. Wie die Dammann-Schülerin Gudrun Miehe feststellt, unterschied sich deren Forschungspraxis von der deutscher Afrikanisten: Im Gegensatz zu Büttner und Meinhof, die die Manuskripte Krapfs und anderer Sammler mit ihren afrikanischen Mitarbeitern Said bin Ahmed as-Surami, Amur bin Nasur al-Omari und Mtoro bin Mwinyi Bakari in Berlin und Hamburg durcharbeiteten und zur Veröffentlichung brachten, verbrachten ihre britischen Kolleg:innen William Taylor und Alice Werner längere Zeit an der Swahili-Küste und standen in engem Kontakt mit dortigen Gelehrten.[26]

Die wichtigste britische Kennerin der klassischen Swahili-Dichtung war Alice Werner, die ähnlich wie Büttner, Meinhof und Westermann

[22] Ebd.: Meinhof an Dammann, Tanga, 21.10.1935.

[23] Ebd.: Woermann an Dammann, Tanga, 14.2.1936 [Durchschlag für Meinhof]; Woermann, Hamburg, an Meinhof, 1.2.1936; DFG, Berlin, an Meinhof, 5.2.1936.

[24] Ebd.: DFG, Berlin, an Meinhof, 29.9.1936; Meinhof an DFG, Berlin, 2.10.1936; vgl. auch Dammann an DFG, Berlin, 16.4.1937.

[25] Ebd.: Meinhof an Dammann, Tanga, 18.1.1935.

[26] G. Miehe: Preserving Classical Swahili Poetic Tradition, S. 20–27, insb. S. 27.

keine lineare akademische Karriere absolvierte, sondern selbst ein sich formierendes akademisches Feld prägte. Ihre ersten Forschungen zu afrikanischen Sprachen und Oraturen führte Werner in den 1890er Jahren als Gast der schottischen Mission im Nyasaland (Malawi) und Natal (Südafrika) durch. Nach ihrer Rückkehr unterrichtete sie ab 1899 in London erst auf eigene Faust, später am King's College afrikanische Sprachen und veröffentlichte eine Reihe von Werken zu afrikanischen Sprachen und Mythologien. Mit Gründung der School of Oriental Studies 1917 wurde sie *lecturer* und 1922 Professorin für Swahili und Bantusprachen. Sie besetzte damit den ersten afrikanistischen Lehrstuhl in Großbritannien. Während ihres Aufenthalts auf Lamu und Siu vor der kenyanischen Küste Anfang der 1910er Jahre sammelte und interpretierte sie zusammen mit Muhamadi Kijuma, Abubakr bin 'Umar-es-Sawiyyi und anderen Gelehrten Manuskripte der islamisch geprägten Swahili-Dichtung. Diese Arbeit resultierte in einer Reihe von Editionen, die als selbstständige Veröffentlichungen und auch als einige der wenigen englischsprachigen Beiträge in Meinhofs *Zeitschrift für Eingeborenen-Sprachen* erschienen.[27] Bis zu ihrem Tod 1935 stand sie in Briefkontakt mit Muhamadi Kijuma, der ihr immer wieder neue Manuskripte nach London schickte und sie bei der Interpretation unverständlicher Textstellen unterstützte.[28]

Diese Kontakte wollte sich Meinhof nun zunutze machen, als er Dammann nach Mombasa und Lamu schickte, um die Forschungen am »Herkal« fortzuführen. Er kündigte Dammann an, er werde Werner »bitten, Sie ihren Freunden noch besonders zu empfehlen, damit Sie schneller mit den Leuten gut Freund werden«. Dabei handelte es sich um Mbarak al-Hinawy in Mombasa und Muhamadi Kijuma auf Lamu, die Dammanns wichtigste Informanten wurden.[29] Werner schrieb ihre Kontakte direkt an und verfasste zusätzlich auf Meinhofs Bitte Empfehlungsschreiben, die Dammann dann bei Kontaktauf-

[27] Vgl. etwa Alice Werner: »The Story of Miqdad and Mayasa (Hadithi ya Mikidadi na Mayasa)«, in: Zeitschrift für Eingeborenen-Sprachen 21 (1930/31), S. 1–25.

[28] Vgl. zu Alice Werner P. J. L. Frankl: »Werner, Alice«, in: H. C. G. Matthew/Brian Harrison (Hg.): Oxford Dictionary of National Biography. From the Earliest Times to the Year 2000, Bd. 58, Oxford 2004, S. 168f.; G. Miehe: Preserving Classical Swahili Poetic Tradition, S. 26f.; C. O. B.: »Obituary: Professor Alice Werner«, in: Bulletin of the School of Oriental Studies 8 (1935), S. 281f.; Carl Meinhof: »Alice Werner †« [Nachruf], in: Zeitschrift für Eingeborenen-Sprachen 26 (1935/36), S. 1.

[29] StA HH, 364-13 Abl. 2002/04-86: Meinhof an Dammann, Tanga, 18.1.1935.

nahme vorlegen konnte.[30] Den Tod Alice Werners Ende Juni 1935, der »liebenswürdige[n] Freundin Afrikas und der Afrikaner«, wie Meinhof ihr in seiner Zeitschrift nachrief,[31] sah Meinhof als einen »erhebliche[n] Verlust« für die Arbeit Dammanns. »Sie kann also bei diesem Werke nicht mehr mithelfen.«[32] Doch blieb Werner weiterhin für Dammanns Forschung bedeutend. So ließ er ihre Swahili-Editionen in Großbritannien kaufen und nach Tanga schicken.[33] Und auch das englische »Testimonial«, das Meinhof für seine Reise verfasste, wohl insbesondere um das Vorhaben gegenüber britischen Stellen in Kenya zu begründen, verweist auf die Verbindung zur »late Dr. Alice Werner, who was for many years Professor in the School of Oriental Studies, London«.[34]

Bereits bei den Vorbereitungen ging eine nationalistische Deutung der Forschungsreise mit transnationaler Zusammenarbeit einher. Anfangs war offen, wie die Reise nach Kenya zu finanzieren war. Beide großen, für die Afrikanistik relevanten Geldtöpfe wurden in Betracht gezogen: die DFG und das Londoner IAI. Doch passte eine Finanzierung durch die DFG besser in eine Erzählung von deutschen Verdiensten in Konkurrenz zu Großbritannien, das Tanganyika und Kenya beherrschte, und zu britischen Afrikanist:innen, die neben deutschen die wichtigsten Editionen der klassischen Swahili-Dichtung verfassten. Die Vorbereitungen auf die Reise zeigen jedoch, wie zentral die Zusammenarbeit mit der britischen Afrikanistin Alice Werner war: Ihre Arbeiten und die von ihr über Jahrzehnte aufgebaute Praxis, mit afrikanischen Experten an der nördlichen Swahili-Küste zusammenzuarbeiten, waren Voraussetzung für Dammanns Forschung.

5.2 Sammeln, Transkribieren und Übersetzen in Mombasa und auf Lamu

Im Juni 1936 machten sich Ruth und Ernst Dammann auf den Weg nach Mombasa zu Alice Werners einstigem Informanten Mbarak al-Hinawy. Dieser stammte aus einer arabisch-omanischen Familie und hatte Karriere im britischen Kolonialdienst gemacht. Er hatte verschie-

30 Ebd.: Meinhof an Dammann, Tanga, 31.1.1935.
31 C. Meinhof: Alice Werner.
32 StA HH, 364-13 Abl. 2002/04-86: Meinhof an Dammann, Tanga, 20.8.1935; 12.9.1935.
33 Ebd.: Meyer an Dammann, Tanga, 22.1.1936.
34 SHLB Kiel, Cb 179, Kasten 9: Meinhof, Testimonial, 8.5.1936.

dene Verwaltungsposten inne, bevor er 1937 *liwali* (Gouverneur) für Mombasa und 1941 schließlich für den gesamten Küstenstreifen des britisch protektorierten Sultanats von Zanzibar wurde. Daneben machte er sich einen Ruf als »gentleman-historian and a scholar of Swahili«, wie Zulfikar Hirji in seiner Biographie herausarbeitet: Er arbeitete eng mit lokalen wie europäischen Gelehrten zusammen, sammelte, übersetzte und veröffentlichte Swahili-Literatur und orale Traditionen der arabisch- und swahilisprachigen Bevölkerungsgruppen Mombasas.[35] So war Dammann nicht der erste Europäer, den Mbarak al-Hinawy mit Manuskripten versorgte und dem er bei der Lektüre und Interpretation half. Bald nach seiner Ankunft meldete Dammann Meinhof aus Mombasa, dass er erfolgreich war: »Zu meiner Freude habe ich gleich in den ersten Tagen durch den Scheich Mbarak Ali bin Hinawy eine Handschrift über den Herkal bekommen, die, so weit ich feststellen konnte, nicht allzu verschieden von der durch Sie publizierten ist«. Dammann lieh sich das Manuskript aus und ließ es seine Frau durchpausen. Er hielt sich die Möglichkeit offen, es später zu kaufen.[36] Meinhof war begeistert, als er hörte, dass Dammann eine neue »Herkal«-Handschrift erhalten hatte.[37] Diese sollte nun die Grundlage für die Neubearbeitung des Epos auf Lamu werden.

Die Arbeit am »Herkal« auf Lamu

Während Ruth und Ernst Dammann in Mombasa bei der Usagara Co. Ltd. unterkamen, der ehemaligen Deutsch-Ostafrikanischen Gesellschaft, die einst den kolonialen Herrschaftsanspruch des Reiches begründet hatte, konnten sie auf Lamu wieder auf die Netzwerke der Mission zurückgreifen. So versprach ihnen Wilhelm May, Missionar der Neukirchener Mission, auf Lamu alles für sie vorzubereiten. Dammanns kamen mit ihrem »Boy« Abel Yohana in einem leer stehenden Haus der Mission unter, und May vermittelte sie an den Kokosnusspflanzer Charles E. Whitton, der als einer von drei Europäern auf der Insel lebte und sie während ihres Aufenthalts bei Transporten und

[35] Zulfikar Hirji: Between Empires. Sheikh-Sir Mbarak al-Hinawy 1896–1959, London 2012, S. 21f.

[36] StA HH, 364-13 Abl. 2002/04-86: Dammann, Mombasa, an Meinhof, 26.6.1936.

[37] Ebd.: Meinhof an Dammann, Lamu, 11.8.1936.

Postsendungen unterstützte.[38] Auch der Missionslehrer Kamwana, »der in Lamu unser Haus bewacht, wird Ihnen ebenfalls behilflich sein«, kündigte May an.[39]

Dammann baute nach eigenem Bekunden schnell eine Beziehung zu Muhammad bin Abubakr bin Umar al-Bakarii, meist Muhamadi Kijuma genannt, auf: dem Gelehrten, dessentwegen sie die Reise nach Lamu auf sich nahmen. Dabei half ihm das Empfehlungsschreiben Werners, mit der Kijuma seit ihrem Besuch auf Lamu 1913 in Briefkontakt gestanden hatte. Auch bat Dammann Meinhof, bei Alice Werners Schwester Mary ein Foto der Verstorbenen zu besorgen, das er Kijuma als Andenken schenkte.[40] Für Dammann war Kijuma die höchste Autorität in Fragen der klassischen Swahili-Dichtung, »der beste und fast einzige Kenner derselben«, darüber hinaus der »hervorragendste Vertreter der ostafrikanisch-arabischen Mischkultur«.[41] Wie das Bild des Informanten auf europäischen Projektionen und einer geschickten Selbstdarstellung Kijumas beruhte, wird zum Abschluss dieses Kapitels aufgegriffen.

Dammann und Kijuma vereinbarten, jeden Vormittag einige Stunden zu arbeiten, wofür Kijuma einen Shilling am Tag erhielt. So arbeiteten sie über Monate täglich zusammen:

> *We began work the day after our arrival. Masihii came to where we were living, in one of the two empty mission houses on the edge of the town. We worked regularly. Masihii read a text to me that was written in Arabic letters, and I wrote it down. If I didn't understand the text, Masihii explained it, and made grammatical and historical remarks. In the afternoon I dictated the results to my wife. If there was time, I began translating the texts.*[42]

[38] E. Dammann: 70 Jahre erlebte Afrikanistik, S. 60–62; Ernst Dammann: »My Work with Muhamadi Kijuma«, in: Gudrun Miehe / Clarissa Vierke (Hg.): Muhamadi Kijuma. Texts from the Dammann Papers and other Collections, Köln 2010, S. 65–68, hier S. 65.

[39] SHLB Kiel, Cb 179, Kasten 9: Missionar Wilhelm May, Ngao, an Dammann, 24.5.1936; Kasten 8: Charles E. Whitton, Lamu, an Dammann, Schiff M.V. Dumra, Lamu Harbour, 13.7.1936.

[40] E. Dammann: My Work with Muhamadi Kijuma, S. 66; StA HH, 364-13 Abl. 2002 / 04-86: Dammann, Lamu, an Meinhof, 18.7.1936; Meinhof an Dammann, Lamu, 11.8.1936.

[41] E. Dammann: 70 Jahre erlebte Afrikanistik, S. 70; StA HH, 364-13 Abl. 2002 / 04-86: Dammann: Bericht über meine Studienreise nach Kenya, Hamburg, 14.4.1937.

[42] E. Dammann: My Work with Muhamadi Kijuma, S. 66f.

Diese umständliche Arbeit war notwendig, um die in arabischer Schrift geschriebene Swahili-Dichtung Europäer:innen verständlich zu machen. Denn die arabische Schrift – so stellt Gudrun Miehe fest – ist »wenig geeignet«, um »die Laute des Swahili adäquat wiederzugeben«. So haben die europäischen Forscher:innen in Texten immer wieder vermeintlich gleichlautende Wörter vorgefunden, »die nur im Kontext zu identifizieren sind«.[43] Deshalb ließ Dammann Kijuma den Text des Manuskripts vorlesen, also von ihm ad hoc interpretieren, schrieb mit und fragte bei Bedarf nach, welches Swahili-Wort sich hinter der arabischen Schrift verbarg und welche mittlerweile verlorene Bedeutung dieses hatte.

Mit dieser Methode überarbeiteten sie die »Herkal«-Übersetzung Büttners und Meinhofs und stellten einige Fehler fest. So hatte Meinhof in einer Zeile des »Herkal« »Waghubi wamesikilia« (»die Ghubi sind gekommen«) gelesen. Er war fortan von einem bisher unbekannten Volk der »Ghubi« ausgegangen, das dann mehrfach in seiner Übersetzung auftauchte. Dammann schildert, dass Kijuma diese Zeile »auf Anhieb« als »wangupe [uangupe] wamesikilia« (»beeile dich, sie sind gekommen«) gelesen habe.[44] Mit der sprachlichen und kulturellen Expertise Kijumas erhielt der Text somit eine neue Bedeutung. Dammann zeigte sich gegenüber Meinhof »selber erstaunt, wie viel in der Übersetzung des Herkal durch unsere gemeinsame Arbeit noch geändert wird. Die wenigen Wochen, die wir hier sind, haben mir gezeigt, daß eine Bearbeitung solcher Lieder wie des Herkal in Deutschland unmöglich ist, da die wesentlichen Hilfsmittel fehlen.«[45] Kijumas Rezitation – die Swahili-Dichtung wurde gesungen – wollte Dammann schließlich nicht nur schriftlich, sondern auch auditiv festhalten. Darum bat er Meinhof, ihm einen Apparat aus dem Phonetischen Laboratorium nach Mombasa zu schicken. Die Firma Woermann würde den Transport womöglich »im Interesse der Wissenschaft« kostenlos erledigen, vermutete Dammann, was sich als richtig erwies.[46]

43 Gudrun Miehe: »Stilistische Merkmale der Swahili-Versdichtung«, in: Gudrun Miehe/Wilhelm J. G. Möhlig (Hg.): Swahili-Handbuch, Köln 1995, S. 279–321, hier S. 286.

44 E. Dammann: 70 Jahre erlebte Afrikanistik, S. 63.

45 StA HH, 364-13 Abl. 2002/04-86: Dammann, Lamu, an Meinhof, 3.8.1936.

46 Ebd.: Dammann, Lamu, an Meinhof, 18.7.1936; Meinhof an Woermann-Linie A.G., Hamburg, 11.8.1936; Meinhof an Dammann, Tanga, 19.8.1936.

Neben seiner Arbeit am »Herkal« versuchte Dammann, weitere Handschriften dieses Epos und zunehmend auch andere Manuskripte von bisher nicht veröffentlichten Swahili-Dichtungen aufzutreiben. Dazu nutzte er seine von Werner vermittelten Kontakte: Mbarak al-Hinawy in Mombasa und Muhamadi Kijuma auf Lamu. Kijuma habe »überall herumgesucht, sogar ans Festland und nach Pate geschrieben, um etwaige Handschriften aufzutreiben«.[47] Auch die »Herkal«-Handschrift, die Dammann direkt nach seiner Ankunft in Mombasa von Mbarak al-Hinawy erhalten hatte und seine Frau hatte abpausen lassen, wollte Meinhof ihn nun kaufen lassen: »Versuchen Sie doch, sie so billig wie möglich zu bekommen.«[48] Doch da kam ihm der Brite William Hichens in die Quere.

William Hichens hatte während seiner Tätigkeit in der britischen Kolonialverwaltung in Kenya mit dem Sammeln von Swahili-Manuskripten begonnen und dafür die Zusammenarbeit mit Alice Werner, Mbarak al-Hinawy und Muhamadi Kijuma gesucht. In seinem Verlag »Azania Press« veröffentlichte er – teils gemeinsam mit Werner – Swahili-Dichtungen. Hichens' Fähigkeiten als »(technical) editor« seien dabei laut Gudrun Miehe weit größer gewesen als seine philologischen Kenntnisse. Ohne Zweifel habe er von Werners Wissen profitiert, deren Nähe er für seine Arbeit suchte. Wie sich in einem Brief ihrer Schwester an Meinhof zeigt, fühlte sich diese wohl schließlich von Hichens ausgenutzt.[49] Dammann stand spätestens seit Mitte 1936 mit Hichens in Kontakt. Sie tauschten sich über fachliche Fragen der Swahili-Poesie aus, auch über die Interpretation einzelner Textstellen. Mehrfach bat Hichens Dammann, Auskünfte bei Kijuma einzuholen.[50]

Hichens suchte ebenfalls nicht nur »Herkal«-Manuskripte, sondern auch Handschriften anderer klassischer Swahili-Dichtungen. So sah Dammann in ihm zunehmend eine Konkurrenz, die er gegenüber

47 Ebd.: Dammann, Lamu, an Meinhof, 3.8.1936.

48 Ebd.: Meinhof an Dammann, Lamu, 11.8.1936.

49 G. Miehe: Preserving Classical Swahili Poetic Tradition, S. 28f. Vgl. StA HH, 364-13 Abl. 2002/04-86: Meinhof an Dammann, Lamu, 6.11.1936 [Abschrift Mary Werner an Meinhof, 16.10.1936].

50 SHLB Kiel, Cb 179, Kasten 8: William Hichens, Fleet, Hampshire, England, an Dammann, 20.5.1936; 27.7.1936; 5.11.1936; StA HH, 364-13 Abl. 2002/04-86: Dammann, Lamu, an Meinhof, 22.11.1936.

Meinhof als einen Wettstreit zwischen deutscher und britischer Afrikanistik deutete:

> *Ich habe den Eindruck, daß der auch Ihnen wohl bekannte Mr. Hichens sehr dahinter her ist Material zu bekommen. Schon aus diesem Grunde freue ich mich, wenn ich Verschiedenes mit nach Hause bringen kann. Es sollte mir leid tun, wenn die Engländer mit allem Material über den Berg gehen würden.*[51]

Das zuvor nur am Rande relevante Auffinden neuer Manuskripte wurde nun zum Politikum. Dammann sah sich in einem Wettlauf mit Hichens, bisher unveröffentlichte Texte zu sammeln und zu edieren. Aus »nationalen Gründen« sollte »über die alte Poesie der Suaheli mehr in Deutschland publiziert w[erden], als es in den letzten Jahren der Fall war«.[52] Meinhof stimmte ihm zu und bewilligte »[v]on Herzen [...] Ihre ganzen Bemühungen über die weiteren Erwerbungen von Handschriften [...] Auch ich bin der Meinung, dass wir den Engländern in diesen Sachen den Vorrang nicht lassen sollten.«[53] Seinem Vertrauensmann in der Auslandsorganisation der NSDAP berichtete Meinhof in einem Schreiben (in dem er Informationen seiner südafrikanischen Kontakte zu kommunistischen Umtrieben, immigrierenden Juden und dortigen Bedarfen an nationalsozialistischen Propagandamaterial übermittelte) von Dammanns Erfolgen im Auffinden von Manuskripten und deren Bearbeitung: »ein ganz ausserordentlicher Erfolg der deutschen Wissenschaft«.[54]

Mit Mbarak al-Hinawy befand sich Dammann Ende 1936 in Verhandlungen über den Erwerb des »Herkal«-Manuskripts. Als diese ins Stocken gerieten, vermutete er Hichens dahinter.[55] Damit lag er richtig. Schließlich teilte ihm Mbarak al-Hinawy mit, dass er sich mit Hichens geeinigt hatte. Sie wollten gemeinsam das Manuskript ins Englische übersetzen. Er bot Dammann an, sich eine Kopie zu machen.[56] Um das Manuskript abzufotografieren, verhandelte Dammann nun mit der

51 StA HH, 364-13 Abl. 2002/04-86: Dammann, Lamu, an Meinhof, 3.8.1936.

52 Ebd.: Dammann, Lamu, an Meinhof, 14.9.1936.

53 Ebd.: Meinhof an Dammann, Lamu, 8.9.1936.

54 Ebd.: Meinhof an Robert Fischer, Auslandsorganisation der NSDAP, Berlin, 18.8.1936.

55 Ebd.: Dammann, Lamu, an Meinhof, 22.11.1936.

56 SHLB Kiel, Cb 179, Kasten 8: Mbarak al-Hinawy, Mombasa, an Dammann, 27.11.1936.

»Agfavertretung in Mombasa, die in den Händen der Hamburger Firma Hansing und Co. liegt«. Er hoffte, dass diese ihm Fotoplatten und Material zur Entwicklung der Fotografien kostenlos zur Verfügung stellen oder eine spätere Zahlung in Deutschland akzeptieren würde. Schließlich habe die Angelegenheit »[d]urch das Dazwischentreten von Herrn Hichens [...] eine nationale Bedeutung« erhalten. »Wenn sich die Firmen für den Fall interessieren sollten, würde ich versuchen über die Ermöglichung der Photographie einen Zeitungsartikel zu schreiben, der die Verdienste der Firmen würdigt.«[57] Er hoffte also angesichts fehlender Devisen, dass die Hamburger Firma die Kopie auch für das Prestige, sich um die deutsche Wissenschaft verdient zu machen, anfertigen würde. Meinhof stimmte den Vorschlägen zu und Dammann ließ das Manuskript auf der Rückreise in Mombasa fotografieren.[58]

Das Sammeln und Transkribieren von Handschriften auf Lamu

Der Fokus der Arbeit Dammanns und Kijumas verschob sich sehr bald von der Neubearbeitung des »Herkal«, die von Dammann selbst auch nie veröffentlicht werden sollte, hin zur Beschaffung und Bearbeitung weiterer Handschriften von bisher nicht edierten Swahili-Dichtungen. Kijuma wurde für Dammann eine »unerschöpfliche Quelle« für die klassische Swahili-Literatur. »Bereitwillig teilte er mir sein Wissen mit. Er überließ mir Aufzeichnungen und schrieb mir mancherlei auf.«[59] Mit seiner Hilfe und der anderer Bewohner:innen Lamus, die sie durch Kijumas Vermittlung kennenlernten, sammelten Ruth und Ernst Dammann zahlreiche Swahili-Dichtungen. Dabei handelte es sich in den meisten Fällen allerdings nicht um »alte Handschriften«, wie Dammann Meinhof schilderte:

> *Immer wieder hört man bei Nachfragen, daß die Europäer sie früher von der Insel mitgenommen hätten. Die wenigen Sachen, die heute noch vorhanden sind, sind meist in einem europäischen Schulheft mit billiger indischer oder japanischer Tinte geschrieben worden. Und wenn einer wirklich noch etwas besitzt, ist er durch*

57 StA HH, 364-13 Abl. 2002/04-86: Dammann, Lamu, an Meinhof, 6.12.1936.

58 Ebd.: Meinhof an Dammann, Tanga, 21.12.1936; Dammann, Bungu, Usambara, an Meinhof, 1.2.1937.

59 E. Dammann: 70 Jahre erlebte Afrikanistik, S. 63f.

das frühere Gebahren der Europäer ängstlich geworden etwas herauszugeben. Ist es doch mehr als einmal vorgekommen, daß man die Leute unter dem Vorwande, man wolle ihre Dichtungen nur entleihen, um dieselben betrogen hat.[60]

Und auch Meinhof und Dammann lag der Wunsch nach alleinigem Besitz alter Manuskripte nicht fern.

Neben Kijuma war es vor allem Sheikh Ahmed, der sie kontinuierlich mit Dichtungen versorgte. Wie sie an dessen Manuskripte kamen, erzählten die Dammanns an verschiedenen Stellen auf Ahmed herabwürdigende Weise, wohl um ihn als Gegenstück zu dem von ihnen verehrten Kijuma zu porträtieren: Ruth und Ernst Dammann stellten Ahmed als »unterbelichtet« dar, seine Lieblingsbeschäftigungen seien Nähen und Kuchenbacken. So half ihm Ruth Dammann beim Nähen von »Kinderkleidern« und buk mit ihm und seinen Schwestern in dessen Haus nach ihren Rezepten. Der übliche Austausch sei »one receipt for one Swahili manuscript« gewesen, welches Ahmed wohl über die Kontakte seiner Schwestern auftrieb.[61] Diese Beschreibung zeigt, dass die Manuskripte in verschiedenen Haushalten tradiert wurden, leicht zu beschaffen waren und den neugierigen Europäer:innen für Geld oder einen Gefallen zum Abschreiben überlassen wurden.

Da ihnen die Originale nur geliehen wurden, ließ Dammann Kijuma und seine Frau die Texte vervielfältigen: eine Gemeinschaftsarbeit, die fast wie Fließbandarbeit klingt. Er meldete Meinhof im Sommer 1936: »Masihi [Kijuma] verfertigt mir z. Zt. eine Abschrift von einem […] Gedicht, welches eingehend die Person Muhammeds beschreibt. Meine Frau paust z. Zt. eine kleinere Dichtung über Aisha durch. Eine umfangreichere Dichtung über Habibu soll Masihi ebenfalls abschreiben. Außerdem haben wir noch mehrere kürzere Gedichte, die durchgepaust oder abgeschrieben werden sollen.«[62] Dammann arbeitete die Swahili-Dichtungen anschließend in ähnlicher Weise wie den »Herkal« mit Kijuma durch.[63]

60 StA HH, 364-13 Abl. 2002/04-86: Dammann, Lamu, an Meinhof, 22.11.1936.

61 Ebd.: Ruth Dammann, Lamu, an Meinhof, 4.10.1936; Anon.: Ein hamburgischer Gelehrter kehrte zurück. Handschriften – gesucht und deutet. Vier Jahre in Ostafrika – Suaheli-Dichtung Hunderte von Jahren alt, in: Hamburger Tageblatt, 16.4.1937; E. Dammann: My Work with Muhamadi Kijuma, S. 67f.; E. Dammann: 70 Jahre erlebte Afrikanistik, S. 63f.

62 StA HH, 364-13 Abl. 2002/04-86: Dammann, Lamu, an Meinhof, 3.8.1936.

63 Ebd.: Dammann, Lamu, an Meinhof, 14.9.1936.

Rechtzeitig vor der Abreise von Lamu wandte sich Dammann an Meinhof, um ihn zu bitten, für seine Informanten Geschenke zu besorgen und nach Lamu zu schicken: »Wir haben so viel Hilfe und Entgegenkommen bei unserer Arbeit von einigen Arabern erfahren, daß wir uns ihnen gegenüber erkenntlich zeigen müssen.«[64] Den wohl eigentlichen Grund nannte Dammann gegenüber seiner Kollegin Emmi Meyer: »Das Schönste ist ja, wenn die Geschenke ihren Zweck erfüllen und die Leute willig machen uns später Material zu senden und Auskunft zu geben.«[65] Dammann war darauf angewiesen, dass er mit den lokalen Experten, insbesondere Kijuma, in Kontakt blieb, um die gesammelten Texte vollständig transkribieren, übersetzen und interpretieren zu können. Und er hoffte auf weitere Manuskripte, die ihm nach Deutschland nachgeschickt würden.[66]

Bei der Auswahl der Geschenke spielte das nationale Argument erneut eine Rolle: Man dürfe, so Ruth Dammann an Meinhof, »nicht hinter Fräulein Prof. A. Werner zurückstehen schon aus nationalen Gründen, wir können aber nicht gut fragen, was sie geschenkt hat«. Es müsse »billig sein, dabei aber doch etwas hergeben«: auf keinen Fall Porzellan, denn schlechtes Porzellan erkenne man dort. Mit Kaffeemaschinen, Spiegeln und Uhren sei man bereits versorgt. Schließlich machte sie konkrete Vorschläge, die Meinhof befolgte: »zusammenlegbare Teewägelchen«, Tischtücher, Kaffeegeschirr, »Wärmchen« für die Kaffee- oder Teekanne, Tuschkasten, Zeichenpapier sowie eine Petroleumlampe.[67] Bei der Beschaffung erfuhr Meinhof einmal mehr Unterstützung von Woermann, der seine Firma anwies, die Geschenke einzukaufen und mit dem nächsten Dampfer nach Mombasa zu verschicken.[68]

64 Ebd.: Dammann, Lamu, an Meinhof, 4.10.1936.

65 StA HH, 364-13 Abl. 2002/04-221: Dammann, Lamu, an Meyer, 26.11.1936.

66 Mit Kijuma blieb er nach seiner Abreise in Briefkontakt und erhielt von ihm Erläuterungen und weitere Abschriften von Gedichten, die er später veröffentlichte. Die Zusammenarbeit endete mit Beginn des Zweiten Weltkriegs, Kijuma starb 1945. E. Dammann: My Work with Muhamadi Kijuma, S. 68; G. Miehe: Preserving Classical Swahili Poetic Tradition, S. 27f.; E. Dammann: Dichtungen in der Lamu-Mundart des Suaheli, S. 73; Ernst Dammann: »Suaheli-Dichtungen des Scheichs Muhammed bin Abubekr bin Omar Kidjumwa Masihii aus Lamu. Gesammelt und bearbeitet von Ernst Dammann«, in: Studien zur Auslandskunde. Afrika 1 (1942/43), S. 125–196, hier S. 126f.; Ernst Dammann: »Prosatexte in der Lamu-Mundart des Suaheli. Bearbeitet von Ernst Dammann«, in: Afrika und Übersee 39 (1954/55), S. 65–82, hier S. 65f.

67 StA HH, 364-13 Abl. 2002/04-86: Ruth Dammann, Lamu, an Meinhof, 4.10.1936.

68 Ebd.: Meinhof an Firma C. Woermann, Hamburg, 23.10.1936; 13.11.1936; Firma C. Woermann, Hamburg, an Meinhof, 28.10.1936; 11.11.1936.

Muhamadi Kijuma

Wer war der in Dammanns Augen »fast einzige Kenner« der klassischen Swahili-Dichtung, der »hervorragendste Vertreter« der Swahili-Kultur? Und was trieb Muhamadi Kijuma an, Europäer:innen mit Manuskripten zu versorgen? Mit einem kritischen Blick auf die Aussagen Dammanns und anderer, die davon profitierten, Kijuma zum größten Experten in ihrem Forschungsfeld auszurufen, sowie auf Lamu aufgezeichneten oralen Traditionen bietet Clarissa Vierke eine Interpretation seines Wirkens. In einer arabischen Familie 1855 auf Lamu geboren, lernte Kijuma bei namhaften islamischen Autoritäten und reiste auf die arabische Halbinsel. Er wurde als Musiker und Tänzer auf Lamu bekannt, bevor er 1901 auf Einladung des Sultans an den Hof nach Zanzibar reiste und dort Palastmusiker und -tänzer wurde. 1908 kehrte er nach Lamu zurück. Dort beschäftigte er sich mit Kalligraphie, Zeichnungen, Gipsmodellen und Schnitzereien, die auf Daus und Türen bis heute zu sehen sind. Er geriet in Kontakt mit europäischen Missionaren, Forscher:innen und Kolonisierenden: Für sie kopierte er Manuskripte, fertigte Zeichnungen an und wurde Schreiber des einige Jahre unter deutschem Herrschaftsanspruch stehenden Sultanats von Witu; auch für die Neukirchener Mission schrieb und kopierte er Texte auf Swahili.[69]

In dieser »liminal role«, als Vermittler zwischen der Gesellschaft auf Lamu und europäischen Interessen, wurde er mit den Europäer:innen bekannt, die die Erforschung der klassischen Swahili-Dichtung begründeten und prägten: mit dem Missionar William Taylor, für den Kijuma das Johannes-Evangelium in arabische Schrift übertrug; mit Alice Werner, die er in die »ancient language of the poems and the Arabic script« einführte; und schließlich auf Werners Vermittlung hin auch mit Hichens und Dammann. Doch war Kijuma nicht der einzige oder letzte Kenner der alten Swahili-Literatur. Er wurde zum Experten, indem er europäische Bedürfnisse erkannte und bediente: Er professionalisierte und kommerzialisierte – so Vierke – die Manuskriptproduktion auf Lamu, die er zu seinem Job machte. Die meisten Manuskripte wurden erst im Auftrag der Europäer:innen angefertigt. So bot

[69] Clarissa Vierke: »Between the Lines. Life and Work of the Lamuan Artist and Cultural Broker Muhamadi Kijuma«, in: Gudrun Miehe/Clarissa Vierke (Hg.): Muhamadi Kijuma. Texts from the Dammann Papers and other Collections, Köln 2010, S. 41–62, hier S. 41–46; E. Dammann: Suaheli-Dichtungen, S. 125f.

er den deutschen und britischen Interessent:innen seine Manuskripte auch doppelt an, was zu parallelen deutschen und englischen Editionen führte. Mit der Ausgestaltung seines Geschäfts prägte er die Erforschung der klassischen Swahili-Literatur nachhaltig, seine Arbeiten wurden der Grundstock von Manuskript-Sammlungen in London, Berlin und Hamburg.[70]

Die Rolle, in die sich Kijuma begab, spiegelte »europäische Hoffnungen, Erwartungen und Träume« wider. In seine Person wurde ein untergegangenes goldenes Zeitalter der arabisch geprägten Swahili-Klassik projiziert. Auch dass seine 1932 erfolgte Konversion zum Christentum für Dammann die herausragende Eigenschaft war, die ihn von den muslimischen Arabern auf der Insel abhob, schien er erkannt zu haben: Wohl nur von den Dammanns wollte er mit »Bwana Masihii« (Mann des Messias) angesprochen werden. Dass er eine bestimmte Rolle gegenüber den Europäer:innen einnahm, die nicht der entsprach, die er in der Gesellschaft auf Lamu innehatte, wird aus dem Bild deutlich, das vor Ort über ihn tradiert wurde. Dort gilt er als schwierige Person, als »trouble-maker« und Exzentriker, der ein unmoralisches Verhalten an den Tag legte und die Jugend zum Alkohol verführte.[71]

Es wurde gezeigt, wie sich Dammanns Neubearbeitung des »Chuo cha Herkal« durch die Konkurrenz zum Briten William Hichens zu einem nationalen Wettlauf um den Erhalt und die Edition von Manuskripten der Swahili-Dichtung entwickelte. Damit einher ging die Zusammenarbeit deutscher, britischer und afrikanischer Gelehrter. Insbesondere Muhamadi Kijuma prägte durch seine Bereitschaft, Manuskripte für Dammann und andere Europäer:innen zu organisieren, Kopien anzufertigen und ihnen Sinn zu verleihen, die Erforschung der Swahili-Literatur. Die Ergebnisse der Zusammenarbeit sollten schließlich veröffentlicht werden. Dazu wurde ihnen eine Deutung gegeben, die den Interessen der Hamburger Afrikanistik und denen Dammanns entsprach.

70 C. Vierke: Between the Lines, S. 51–55, Zitate S. 60 u. S. 52.

71 Ebd., S. 46 u. S. 56–59, Zitat S. 57; StA HH, 364-13 Abl. 2002/04-86: Dammann, Lamu, an Meinhof, 18.7.1936; E. Dammann: My Work with Muhamadi Kijuma, S. 66.

5.3 Verwertung der Ergebnisse

Zwischen kolonialem und missionarischem Nutzen

Um den nationalen und kolonialpolitischen Nutzen seiner Arbeit herauszustreichen, trat Dammann anlässlich seiner Rückkehr in die Öffentlichkeit: Meinhof schlug ihm vor, neben einem Bericht für die *Forschungen und Fortschritte* der DFG auch einen Artikel für eine Tageszeitung abzufassen, den Dammann ihm bereits auf der Rückreise schickte.[72] Der im April 1937 im *Hamburger Tageblatt*, der Tageszeitung der Hamburger NSDAP, erschienene Artikel hob die führende Rolle Deutschlands »in der Erforschung der alten Suaheli-Poesie« hervor, »besonders durch die Arbeiten des Hamburger Professors Meinhof«. Der Artikel beschrieb anekdotisch die Zusammenarbeit zwischen Dammann und Kijuma sowie anderen Arabern auf Lamu. »In der Erforschung und Erkenntnis des Suaheli, der Hauptsprache Afrikas, wurde von Hamburg aus ein neuer, wichtiger Schritt vorwärts getan.«[73]

Noch deutlicher hervorgehoben wurde der vermeintliche kolonialpolitische Nutzen der Arbeit Dammanns in einem Artikel einige Tage später im *Berliner Lokal-Anzeiger*. Dem Journalisten Curt Bauer berichtete Dammann von der Konkurrenz, in der er die »deutsche Sprachwissenschaft in Ostafrika« sah. Es gäbe Versuche, »ihr die führende Rolle streitig zu machen«. Die Swahili-Forschung sei »von besonderer Bedeutung, weil unter den an der ostafrikanischen Küste weitverbreiteten Suaheli eine alte Kultur besteht, ihre Sprache die Verkehrssprache für ganz Ostafrika geworden und somit von größter Wichtigkeit für unser unter englischem Mandat stehendes Gebiet ist.« Diesem kolonialen Anspruch auf Tanganyika sollte Dammanns Arbeit dienen, wie Bauer feststellte: »Die Arbeit ist nicht allein wissenschaftlich, sondern auch nationalpolitisch und ganz allgemein zivilisatorisch von großer Bedeutung, da ja das Verständnis der Sprache der Eingeborenen we-

[72] StA HH, 364-13 Abl. 2002/04-86: Meinhof an Dammann, Lamu, 26.11.1936; Dammann, Bungu, Usambara, an Meinhof, 1.2.1937.

[73] Ebd.: Anon.: Ein hamburgischer Gelehrter kehrte zurück. Handschriften – gesucht und deutet. Vier Jahre in Ostafrika – Suaheli-Dichtung Hunderte von Jahren alt, in: Hamburger Tageblatt, 16.4.1937.

sentlich zu einer fruchtbaren Gestaltung des Verhältnisses zwischen Weißen und Farbigen führt.«[74]

Andernorts, in einem kurzen Text, den er Walter Freytag für die *Missionsnachrichten* schickte, zielte Dammann auf den Nutzen, der sich für die Mission aus seinen anstehenden Veröffentlichungen ergäbe, »weil sie einen Einblick in das islamische Geistesleben an der ostafrikanischen Küste gewähren, was für die Auseinandersetzung mit dem dortigen Islam unerlässlich ist«.[75] Noch von Lamu aus diskutierte Dammann mit Meinhof, wie er die Swahili-Dichtungen zum Druck bringen und dafür die nötigen Mittel beschaffen könne. Er überlegte, einige Dichtungen in den »Missionswissenschaftlichen Forschungen« zu publizieren, die Martin Schlunk, der Vorgänger Freytags in Hamburg, herausgab: »Es könnte für Missionskreise sogar sehr nützlich sein auf diese Weise einen Einblick in die Frömmigkeit zu gewinnen, die bei den islamisch gebildeten Eingeborenen der ostafrikanischen Küste anzutreffen ist.«[76] Einmal mehr spielten für Dammann Kolonialismus, Mission und Afrikanistik zusammen, die ihm nun die Veröffentlichung seiner Arbeiten ermöglichen sollten.

Veröffentlichung

In erster Linie stand Dammann für seine Editionen wieder die *Zeitschrift für Eingeborenen-Sprachen* (ab 1951 *Afrika und Übersee*) zur Verfügung.[77] Den Teil der Editionen, der als Habilitationsschrift an-

[74] SHLB Kiel, Cb 179, Kasten 8: Curt Bauer: Besuch bei Scheich und Scherif. Die deutsche Wissenschaft in Ostafrika – Neue Forschungsergebnisse, in: Berliner Lokal-Anzeiger, 29. April [1937].

[75] Ebd., Kasten 8: Dammann an Walter Freytag, Hamburg [wahrscheinlich 1938].

[76] StA HH, 364-13 Abl. 2002/04-86: Dammann, Lamu, an Meinhof, 14.9.1936.

[77] Ernst Dammann: »Eine Suaheli-Dichtung über Moses, den Habicht und die Taube«, in: Zeitschrift für Eingeborenen-Sprachen 28 (1937/38), S. 1–14; Ernst Dammann: »Eine Sprachprobe aus der Siu-Mundart des Suaheli«, in: Zeitschrift für Eingeborenen-Sprachen 30 (1939/40), S. 72–77; Ernst Dammann: »Ein Suahelivers mit Gallawörtern. Bearbeitet von Ernst Dammann«, in: Zeitschrift für Eingeborenen-Sprachen 30 (1939/40), S. 233f.; Ernst Dammann: »Suaheli-Lieder aus Lamu. Gesammelt und bearbeitet von Ernst Dammann«, in: Zeitschrift für Eingeborenen-Sprachen 31 (1940/41), S. 161–188 u. S. 278–287; Ernst Dammann: »Ein Fluchgedicht auf die Somali in der Siu-Mundart des Suaheli. Bearbeitet von Ernst Dammann«, in: Zeitschrift für Eingeborenen-Sprachen 32 (1941/42), S. 286–300; Ernst Dammann: »Kurzlieder der Suaheli auf Lamu«, in: Zeitschrift für Eingeborenen-Sprachen 33 (1942/43), S. 24–37; Ernst Dammann: »Philolo-

erkannt wurde, brachte Dammann in den »Schriften des Kolonialinstituts der Hansischen Universität« unter, der Reihe des zweiten, nationalsozialistischen Kolonialinstituts an der Hamburger Universität, das von 1939 bis 1945 bestand.[78] Dort begründete Dammann den Nutzen seiner Arbeit ausschließlich wissenschaftlich: zum einen sprachwissenschaftlich – die Edition könne als Grundlage dienen für die Bearbeitung der poetischen Sprache des Swahili und des Lamu-Dialekts sowie Aufschlüsse über die Sprachgeschichte des Swahili geben –, zum zweiten literaturgeschichtlich – als »interessantes Zeugnis für die Verbindung asiatischen und afrikanischen Geistes« – und schließlich religionswissenschaftlich – sie liefere Einblicke in die »Art der Frömmigkeit in den Kreisen der muslimisch gebildeten Küstenbewohner Ostafrikas«.[79] Einen direkten kolonialpolitischen Bezug herzustellen, vermied Dammann hier im Gegensatz zu seinen öffentlichen Äußerungen. Das lag sicherlich nicht am fehlenden Willen, die Afrikanistik in den Dienst des nationalsozialistischen Staats zu stellen, wie er es an anderer Stelle tat. Vielmehr fehlte es einem solchen Bezug wohl an Plausibilität. Denn im Gegensatz zur linguistischen Forschung durch Aufzeichnung gesprochener Sprachen war es nicht so leicht, den praktischen Nutzen philologischer Untersuchungen einer – in Dammanns Augen – bereits im 19. Jahrhundert zusammengebrochenen »hohen Kultur«[80] konkret zu benennen.

Dammanns Freund Karl Roehl, der sich an der Arbeit beteiligte, indem er Dammanns Übersetzung am Swahili-Text überprüfte,[81] wurde in dieser Hinsicht deutlicher. In seiner Rezension in der *Orientalisti-*

gische Spielereien der Suaheli in dichterischer Form«, in: Afrika und Übersee 38 (1953/54), S. 135f.; E. Dammann: Prosatexte in der Lamu-Mundart des Suaheli. Daneben auch in Diedrich Westermanns kurzfristig erschienenen Studien zur Auslandskunde: E. Dammann: Suaheli-Dichtungen. Dann während seiner Zeit an der Humboldt-Universität in der DDR: Ernst Dammann: »Die paränetische Suaheli-Dichtung Tabaraka«, in: Mitteilungen des Instituts für Orientforschung 7 (1959/60), S. 411–432.

78 E. Dammann: Dichtungen in der Lamu-Mundart des Suaheli.

79 Ebd., S. viiif.

80 Ebd., S. viii.

81 Ebd., S. x.

schen Literaturzeitung betonte er, wie die Arbeit neben dem sprach- und literaturwissenschaftlichen Nutzen auch »ein Bild des ostafrikanischen Islam [vermittelt], wie es in solcher Echtheit nicht leicht erhältlich ist. [...] Deswegen sollten nicht etwa nur Missionare sich in diese Dichtungen vertiefen, sondern auch jeder andere, der in Ostafrika später eine irgendwie verantwortliche Stellung einnehmen will. Bei den vielen unausbleiblichen Berührungen mit dem Islam wird er dann immer wieder dafür dankbar sein, daß er ihn aus diesen Dichtungen so kennengelernt hat, wie er wirklich ist.«[82] Es schien für Roehl 1941, im »lange[n] Jahr der Kolonialeuphorie« (Karsten Linne),[83] festzustehen, dass bald wieder Deutsche in »verantwortliche[r] Stellung« in Ostafrika wären und sich dafür mit dem Islam auseinandersetzen müssten. Auch Dammann bezog im selben Jahr seine Forschungen auf das gesteigerte Interesse an der Kolonialpolitik. In Westermanns *Kolonialer Rundschau* stellte er einleitend zu seinem Überblick zur »Dichtung der Suaheli« fest: »Seit einigen Monaten macht sich in Deutschland ein steigendes Interesse für das Suaheli bemerkbar. Man erinnert sich an vielen Stellen, daß diese Sprache der ostafrikanischen Küste eine große Zukunft hat.«[84]

Nationalismus, Kolonialpolitik und Mission waren zentral für die Einordnung der auf Lamu produzierten Forschungsergebnisse. Die Arbeiten am »Herkal« selbst versandeten schließlich und eine Neuedition kam nicht zustande. Dammann übergab seine Materialien in den 1950er Jahren dem niederländischen Afrikanisten Jan Knappert, der mit einer Edition des »Chuo cha Herkal« promovierte und später an der School of Oriental and African Studies in London zur Swahili-Literatur forschte und lehrte. Mit ihm stand Dammann über Jahrzehnte im Austausch über die klassische Swahili-Dichtung.[85] Wie weit sich Knappert auf die Vorarbeiten von Muhamadi Kijuma und Dammann stützen konnte, zeigt sich auch daran, dass er seine Dissertation Ki-

[82] Karl Roehl: »Rezension zu: Ernst Dammann: Dichtungen in der Lamu-Mundart des Suaheli, Hamburg 1940«, in: Orientalistische Literaturzeitung 44 (1941), Sp. 372f.

[83] K. Linne: NS-Kolonialplanungen für Afrika, S. 81.

[84] Ernst Dammann: »Die Dichtung der Suaheli«, in: Koloniale Rundschau 32 (1941), S. 115–123, hier S. 115.

[85] Ernst Dammann: »Rezension zu: Jan Knappert: Het Epos van Heraklios. Een proeve van Swahili poëzie, Leiden 1958«, in: Afrika und Übersee 43 (1959), S. 72f.; E. Dammann: 70 Jahre erlebte Afrikanistik, S. 116.

juma, dem »dichter, geleerde, kalligraaf, informant van Prof. A. Werner en van Prof. E. Damman [sic]« widmete.[86]

Exkurs: Rassismus – Dammann und die Afrikaner:innen

Aus den Briefen Dammanns an Meinhof, aus den ersten veröffentlichten Ergebnissen der Zusammenarbeit auf Lamu sowie aus den Texten, die Dammann im hohen Alter verfasste, spricht eine tief empfundene Dankbarkeit und Zuneigung zu Muhamadi Kijuma: in der Art, wie er ihre gemeinsame Arbeit, ihr Zusammenleben zu dritt auf Lamu, ihre gemeinsamen Ausflüge schilderte. Bewundernd sprach er von Kijumas »great store of knowledge«, er habe »immer von ihm lernen« können. »Darüber hinaus sollte er als Mensch nicht vergessen werden.« »He enriched my life«, leitete Dammann seine letzten veröffentlichten wissenschaftlichen Worte ein.[87] Vor seinem Tod sah Dammann es daher als seine »last mission«, die unveröffentlichten Briefe, Notizen und Gedichte Kijumas aus seiner Sammlung zu edieren. Aufgrund seiner zunehmenden Erblindung im zehnten Lebensjahrzehnt konnte er diese Aufgabe nicht vollenden und übergab sie kurz vor seinem Tod an seine Schülerin Gudrun Miehe.[88]

Diese Wertschätzung steht in starkem Kontrast zu seinem Verhalten anderen Afrikaner:innen gegenüber. Es sei an eine Äußerung erinnert, die er nicht lange vor seinem Aufenthalt auf Lamu und seiner Bekanntschaft mit Kijuma tätigte: Nachdem afrikanische Missionslehrer drohten, in den Streik zu treten, artikulierte er offen seine Gewaltphantasien (vgl. dazu Kap. 4.2).[89] Auch anderen Afrikaner:innen gegenüber verhielt er sich auf eine nur rassistisch zu erklärende Art, insbesondere wenn sie sich gegen den europäischen Autoritätsanspruch wehrten. Über seinen Kollegen Hamisi bin Ferhani, den Swahili-»Sprachgehilfen« am Hamburger Seminar, sprach er rückblickend wie

[86] Jan Knappert: Het epos van Heraklios. Een proeve van Swahili poëzie. Tekst en vertaling, voozien van inleiding, kritisch comentaar en aantekeningen, Alkmaar 1958, n. pag. [Widmung].

[87] E. Dammann: My Work with Muhamadi Kijuma, S. 66–68, Zitate S. 67f.; E. Dammann: 70 Jahre erlebte Afrikanistik, S. 63 u. S. 66, Zitate S. 66 u. S. 70. Vgl. auch E. Dammann: Suaheli-Dichtungen, S. 125.

[88] Gudrun Miehe/Clarissa Vierke (Hg.): Muhamadi Kijuma. Texts from the Dammann Papers and other Collections (= Archiv afrikanistischer Manuskripte, Band 9), Köln 2010, S. 13.

[89] H.-K. Treutler: Die Bethel-Mission zwischen 1933 und 1945, S. 195f.

über ein ungezogenes Kind, über das er frei verfügen könne. Als das Seminar Hamisi aus finanziellen Gründen 1931 kündigte, riet Dammann der Behörde, »ihn nach Ostafrika bringen zu lassen«, ihn auszuweisen, »da er sonst in dem Hamburger Milieu verkommen würde«. Dass sich Hamisi gegen seine Kündigung wehrte und vor Gericht zog, kommentierte Dammann abfällig. Damit fühlte er sich auch noch kurz vor der Jahrtausendwende moralisch genauso im Recht wie mit seiner Verteidigung der Apartheid.[90] In seiner Autobiographie wird deutlich, dass er verschiedene Maßstäbe anlegte. Auch wenn er seine weißen Kolleg:innen kritisch beurteilte und Konflikte ansprach, zog er über sie nirgends so skrupellos und persönlich übergriffig her wie über ihm missliebige Afrikaner:innen. Deutlich wird der Kontrast auch in der Darstellung seines Kollegen Paul Berger, von dessen Kindesvergewaltigungen er wusste und sie zu vertuschen half: Bergers wissenschaftliche Verdienste würdigte er davon ungeachtet.[91]

Dammann vertrat ein rassistisch begründetes Weltbild, das von der europäischen Aufgabe ausging, Afrikaner:innen zu erziehen, sie zu christianisieren und zu »zivilisieren«.[92] Einige Afrikaner:innen hatten für ihn wohl einen »zivilisierten« Zustand erreicht und gewannen seinen Respekt. Zwei Faktoren scheinen für Dammanns positive Bewertung von Afrikaner:innen zentral: ein starkes christliches Bekenntnis und Gelehrsamkeit. So würdigte er den Digo-Chief Paulo Mwapera, der Dammann mit Sprachproben versorgte, insbesondere wegen seines christlichen Glaubens, den er in seiner Gemeinschaft durch Unterricht und den Bau einer Kirche verbreitete. Yakobo Ngombe, dem Pastor der afrikanischen Gemeinde in Tanga, der sich durch eine »tiefgegründete Frömmigkeit« auszeichnete, verdankte er »Kenntnisse von Land, Leuten und Verhältnissen«: »Sein Name sollte nicht vergessen werden.«[93] Ähnlich positiv äußerte sich Dammann über Fatima Massaquoi, der er seine ersten afrikanistischen Veröffentlichungen verdankte; wie auch über den ghanaischen Arzt und Dichter Raphael Armattoe, mit dem er seit dessen Studium in Hamburg bekannt war.[94]

90 E. Dammann: 70 Jahre erlebte Afrikanistik, S. 20, S. 33, S. 42 u. S. 277f., Zitat S. 45. Vgl. auch StA HH, 364-13 Abl. 2002/04-86: Dammann, Hamburg, an Meinhof, 27.8.1931.

91 E. Dammann: 70 Jahre erlebte Afrikanistik, S. 290.

92 Vgl. B. Barth/J. Osterhammel (Hg.): Zivilisierungsmissionen.

93 E. Dammann: 70 Jahre erlebte Afrikanistik, S. 50f., Zitate S. 57f.

94 Ebd., S. 41f. Zu Fatima Massaquoi vgl. I. Groschek/R. Hering: Fatima und Richard.

Auch in Dammanns Charakterisierung Kijumas stechen das christliche Bekenntnis und die Gelehrsamkeit hervor, die sich entlang rassistischer Kriterien konstituieren. Kijumas christliche Identität, die Dammann nie müde wurde zu betonen, war für ihn dessen wichtigste Eigenschaft. Das Leben des Gelehrten habe durch den Kontakt zur Mission und »den offiziellen Übertritt zum Christentum durch die Taufe« im hohen Alter einen »besonderen Inhalt« bekommen.[95] Kijumas Gelehrsamkeit, die sich aus dessen islamischer Ausbildung ergab, würdigte Dammann, als er ihn als »reinblütige[n] Araber« charakterisierte.[96] Die gelehrten »Araber« auf Lamu trennte er deutlich von den vom Festland zugewanderten Pokomo, die zwar durch die Arbeit der Neukirchener Mission zu Christen wurden, deren »geistig / geistliche[r] Gehalt« jedoch in Dammanns Augen »simpel« und »schlicht« war.[97]

Wie Dammann »Araber« und nicht-arabische Afrikaner:innen biologistisch-rassistisch voneinander trennte, wird auch in seinen »Eindrücke[n] aus Lamu« deutlich, die er für die *Afrika-Rundschau* 1937 niederschrieb. Darin verband er den wirtschaftlichen Niedergang der Insel mit einer »geistige[n] Degeneration« durch Inzucht der arabischen Familien und Fortpflanzung mit nicht-arabischen Afrikanerinnen: »Eine Verbastardisierung ist durch die vielen Kinder der schwarzen Kebsweiber [Konkubinen] erfolgt, wodurch auch die Qualität des alten Arabertums gelitten hat.«[98] Hier verbreitete Dammann rassistische Vorstellungen einer ›Degeneration‹ durch ›Rassenmischung‹. Bis zum Lebensende lehnte er angesichts der »Verschiedenheit der Rassen« Ehen »zwischen Schwarz und Weiß« ab – nicht aus rassistischen Gründen, wie er meinte, sondern aus Sorge um Identität, Zugehörigkeitsgefühl und Heimatlosigkeit der aus den Ehen hervorgehenden Kinder. Die daraus vermeintlich notwendige Trennung von »Gruppen von Menschen unterschiedlicher Rassen« machte in seinen Augen auch die südafrikanische Apartheid »verständlich«.[99]

Diese Äußerungen Dammanns zeigen, dass seine Wertschätzung gegenüber gebildeten und christlichen Afrikaner:innen, mit denen er über Jahrzehnte in Briefkontakt stand, einherging mit der rassis-

95 E. Dammann: Prosatexte in der Lamu-Mundart des Suaheli, S. 65; E. Dammann: Suaheli-Dichtungen, S. 125f.

96 E. Dammann: 70 Jahre erlebte Afrikanistik, S. 60.

97 Ebd., S. 62f.; E. Dammann: My Work with Muhamadi Kijuma, S. 66.

98 Ernst Dammann: »Eindrücke aus Lamu«, in: Afrika-Rundschau 3 (1937/38), S. 248f., hier S. 248.

99 E. Dammann: 70 Jahre erlebte Afrikanistik, S. 122f., Zitate S. 277f.

tischen Herabwürdigung anderer Afrikaner:innen. Dass sich der biologistische Rassismus und die nationalsozialistische Rassenlehre auch auf Dammanns missionarische Praxis auswirkten, lassen seine Rolle in der Kommission zur Untersuchung der Vorwürfe gegen die Missionsschule wie auch die Äußerungen seiner Vorgesetzten vermuten (vgl. dazu Kap. 4.2).[100]

[100] Genaueres über sein Verhalten gegenüber Afrikaner:innen könnten die Akten verraten, die die Bethel-Mission über ihn führte. Sie konnten hier nur insofern einfließen, wie das Handeln Dammanns in der missionsgeschichtlichen Forschung beleuchtet wurde.

6 Fazit und Ausblick

Im einhundertsten Lebensjahr starb 2003 der »letzte Vertreter der zweiten deutschen Afrikanisten-Generation«. Die Nachrufe von Dammanns Kolleg:innen und Schüler:innen waren somit auch Nachrufe auf eine Generation, die bei Meinhof und Westermann studiert und das sich noch formierende Fach stark geprägt hatte. Dammann habe sich »bleibende Verdienste um die Entwicklung der jungen afrikanistischen Wissenschaft erworben«, stellte sein Marburger Nachfolger Herrmann Jungraithmayr fest. Sein Hamburger Kollege Ludwig Gerhardt schrieb: »Die Nachgeborenen erfüllt mit Bewunderung, gelegentlich mit Fassungslosigkeit und manchmal mit ein wenig Neid die große Breite von Dammanns wissenschaftlichen Arbeiten.« Insbesondere wurden seine Editionen der klassischen Swahili-Literatur gewürdigt, »für deren Erforschung er wesentliche Grundlagen sch[uf]«, wie seine Schülerin Gudrun Miehe feststellte.[1] Die kritische Auseinandersetzung mit Dammanns Schaffen, die zuvor etwa von Gerhardt gesucht wurde, verstummte weitgehend.[2] Fachliche und menschliche Qualitäten des Verstorbenen wurden herausgehoben. So wurde auf die »Gradlinigkeit seines Charakters« (L. Gerhardt) und sein »aufrecht-aufrichtiges Menschentum« (H. Jungraithmayr) verwiesen wie auch auf seine vernetzende Funktion in der Afrikanistik: Bis zu seinem Lebensende scharrte Dammann in Pinneberg regelmäßig Kolleg:innen um sich.[3]

Zu einer selbstkritischen Auseinandersetzung mit eigenen Positionen war Dammann nicht imstande, wie auch Rainer Hering feststellt.[4]

1 Ludwig Gerhardt: »Ernst Dammann. 6. Mai 1904 – 12. Juli 2003« [Nachruf], in: Afrika und Übersee 85 (2002), S. 1–5, hier S. 1f.; Gudrun Miehe: »Ernst Dammann« [Nachruf], in: Orientalistische Literaturzeitung 99 (2004), S. 141; Herrmann Jungraithmayr: »Ernst Dammann (1904–2003)« [Nachruf], in: Zeitschrift der Deutschen Morgenländischen Gesellschaft 157 (2007), S. 1–6, hier S. 5. Vgl. auch Gudrun Miehe: »Ernst Dammann zum 90. Geburtstag«, in: Afrika und Übersee 77 (1994), S. 1–4.

2 Es wurde immer wieder auf seine »konservativen« Positionen hingewiesen. L. Gerhardt: Ernst Dammann [Nachruf], S. 2; G. Miehe: Ernst Dammann zum 90. Geburtstag, S. 4; G. Miehe: Ernst Dammann [Nachruf], S. 141. Zur kritischen Auseinandersetzung vgl. L. Gerhardt: Das Seminar für Afrikanische Sprachen.

3 L. Gerhardt: Ernst Dammann [Nachruf], S. 4; H. Jungraithmayr: Ernst Dammann (1904–2003) [Nachruf], S. 6. Vgl. auch G. Miehe: Ernst Dammann zum 90. Geburtstag, S. 4.

4 R. Hering: Dammann, Ernst Karl Alwin Hans, Sp. 436.

Er war überzeugt, wissenschaftlich objektiv, »sine ira et studio«, also »ohne ideologische Voreingenommenheit« zu handeln. Er sah sich auf jener epistemischen Position, die er denjenigen absprach, die sich kritisch mit dem Kolonialismus, der Mission, seiner Person oder seinen akademischen Lehrern auseinandersetzten, die ihn und Meinhof »diskriminierten«.[5] Hinter Kritik argwöhnte er die »Ideologie der politischen Linken«.[6] Zu seinem 80. Geburtstag ließ sich Dammann folgerichtig im *Pinneberger Tageblatt* als einen Mann würdigen, »der ohne ideologische Scheuklappen gelebt und gearbeitet hat, die überall, vor allem in Afrika, völlig fehl am Platze sind«.[7]

Dass Dammanns Arbeit und damit die Afrikanistik von ideologischen Einflüssen unbeeinflusst blieb, wurde in dieser Arbeit widerlegt. Dammann war sicherlich nicht in jeder Hinsicht repräsentativ für die Afrikanistik der Zwischenkriegszeit. So war er als Missionar und akademischer Afrikanist in Personalunion – wie es auch auf seine Vorgänger Carl Büttner oder Diedrich Westermann zutraf – unter seinen Kolleg:innen bereits die Ausnahme. Doch ließ sich durch die Untersuchung seiner Forschungspraxis und seiner Beziehung zu Meinhof und anderen Kolleg:innen aufzeigen, von welchen Einflüssen die Forschung und Lehre der Hamburger Afrikanistik in der Zwischenkriegszeit geprägt war: Diese lagen in der Mission, im Kolonialismus, Nationalismus und Nationalsozialismus. Sie bildeten die Strukturen und Netzwerke, die Dammann für seine Arbeit nutzte, und sie prägten die Vorstellungen, die seinem wissenschaftlichen Wirken zugrunde lagen.

Die Afrikanistik entstand aus der praktischen Erforschung afrikanischer Sprachen durch die Mission, die der religiösen Verkündigung und dem Einblick in die Kosmologien der zu bekehrenden Gesellschaften diente. Auch als die Wissensproduktion akademisiert und in die europäischen Metropolen verlegt wurde, blieben Missionar:innen in der Forschung bedeutend. Davon zeugt die Arbeitsteilung, in die Dammann eingebunden wurde, als er 1930 am Hamburger Seminar eine Stelle antrat. Missionare dokumentierten in Afrika zusammen mit ihren afrikanischen Mitarbeiter:innen Sprachen und zeichneten

5 E. Dammann: 70 Jahre erlebte Afrikanistik, S. 79 u. S. 101f.; F. Brahm: Wissenschaft und Dekolonisation, zit. n. S. 237f. Wie oben gezeigt wurde, stellte er ganz ähnlich 1939/40 eine »Diskriminierung Deutschlands« fest: E. Dammann: Antideutsche Propaganda in einer Suaheli-Zeitung, S. 115 (vgl. Kapitel 4.1).

6 E. Dammann: 70 Jahre erlebte Afrikanistik, S. 101f., S. 125 u. S. 280.

7 SHLB Kiel, Cb 179, Kasten 11: Hans Ohle: Statt Schrankenwärter Sprachforscher und Theologe, in: Pinneberger Tageblatt, 2.5.1984, S. 8.

Sprachproben auf. Diese veröffentlichten sie mit der Hilfe des Seminars: in dessen Zeitschrift oder als Monographien, die in Hamburg in jahrelanger Arbeit bis zum Druck begleitet wurden. Die Missionsgesellschaften konnten wiederum auf die Expertise des Seminars zurückgreifen und schickten ihre Mitarbeiter:innen zum Erlernen afrikanischer Sprachen nach Hamburg. Insbesondere weil der koloniale Praxisbezug nach dem Ersten Weltkrieg entfiel, diente die Ausbildung von Missonar:innen als zentrales Argument für die Relevanz der Hamburger Afrikanistik.

In der Person Dammanns kulminierte schließlich die Verbindung von Mission und Afrikanistik, als er 1933 von der Bethel-Mission nach Tanga entsandt wurde. Sowohl für die Sprachproben, die er aufzeichnete und aufzeichnen ließ, als auch für die Forschungsreise nach Mombasa und Lamu standen ihm die Ressourcen der Mission zur Verfügung: neben dem Aufenthalt auf Missionsstationen insbesondere der Zugang zu afrikanischen Mitarbeiter:innen. Im Gegenzug nutzte Dammann seine Swahili-Sprachkenntnisse für missionarische Publikationen und wirkte mit Meinhof und anderen Hamburger Seminarmitgliedern an der Bearbeitung und Finanzierung der Swahili-Übersetzung der Bibel seines Freundes Karl Roehl mit.

Neben der protestantischen Mission liegen die Wurzeln der akademischen Afrikanistik im Kolonialismus. Die Erforschung afrikanischer Sprachen diente der Wissensproduktion zur Beherrschung kolonisierter Gesellschaften. So stand die akademische Etablierung des Faches am Berliner Seminar für Orientalische Sprachen und am Hamburgischen Kolonialinstitut im Zeichen des Hochimperialismus. Die kolonialen Kontinuitäten spiegelten sich auch in den Sprachen wider, die Dammanns Hauptarbeitsgebiet wurden, allen voran die ostafrikanische Verkehrssprache Swahili. In Tanganyika konnte Dammann für seine Forschungen auf die Netzwerke des kolonialen »Deutschtums« zurückgreifen: Deutsche Siedler und Plantagenbesitzer stellten ihm ihre afrikanischen Mitarbeiter:innen zur Verfügung. Kolonialwirtschaftliche Kreise um den Hamburger Unternehmer Kurt Woermann ermöglichten erst Dammanns Forschungsreise nach Kenya wie auch die Bibel-Übersetzung Roehls. Als überzeugter Kolonialrevisionist nutzte Dammann seine Position als Pastor der deutschen Gemeinde und NSDAP-Ortsgruppenleiter zur Stärkung der kolonialen Identität der Deutschen im britischen Mandatsgebiet. Auch verfasste er koloniale und nationalsozialistische Propaganda auf Swahili, um unter afrikanischen Leser:innen seine Vorstellungen zu verbreiten.

Die afrikanistische Forschung war durch die Kooperation afrikanischer, deutscher, britischer und anderer Akteur:innen transnational geprägt. Insbesondere deutsche Afrikanist:innen waren in der Zwischenkriegszeit auf die Unterstützung ihrer britischen Kolleg:innen angewiesen: Nur mit der Hilfe der Londoner Expertin für die Swahili-Dichtung Alice Werner konnte Dammann Kontakt zu afrikanischen Gelehrten aufbauen. Diese Tatsache gerät scheinbar nur in der Rückschau in Konflikt mit einer nationalistischen Deutung der Forschung: Verdienste der deutschen Afrikanistik sollten gegenüber Großbritannien, das Mandats- und Kolonialmacht in Tanganyika und Kenya war, herausgestellt werden. Die Konkurrenz Dammanns mit dem Briten William Hichens bestimmte so schließlich das Sammeln, Transkribieren und Übersetzen von Swahili-Manuskripten. Darüber hinaus spiegelte sich der Nationalismus auch in der Finanzierung und in der Präsentation der Forschungsergebnisse als deutsche Leistung mit kolonialpolitischem Nutzen im nationalsozialistischen Deutschland wider.

Ausblick

Der Untersuchungszeitraum dieser Arbeit deckt nur die erste Phase von Dammanns afrikanistischen Wirken ab. Nach seiner Rückkehr nach Hamburg und insbesondere mit Beginn des Zweiten Weltkriegs war er auf vielfältige Weise an den kolonialpolitischen und -wissenschaftlichen Aktivitäten des nationalsozialistischen Deutschlands beteiligt. Die Hamburger Afrikanistik machte sich Hoffnungen auf ein deutsches Großreich in Afrika und damit auf eine neue Relevanz des Faches. Meinhof beschwor in seiner Zeitschrift die »neue Zeit«, die dank der »Tatkraft unseres großen Führers« »für die deutschen Kolonien und damit für die Erforschung der Eingeborenen-Sprachen« angebrochen sei.[8] Das zuvor oft menschenleere Seminar füllte sich nun mit

8 Carl Meinhof: »Die neue Zeit«, in: Zeitschrift für Eingeborenen-Sprachen 31 (1940/41), n. pag. Vgl. auch die Äußerungen seines Nachfolgers August Klingenheben: »Die Aufgaben und Ziele des Seminars für Afrikanische Sprachen der Hansischen Universität«, in: Deutscher Kolonial-Dienst. Ausbildungsblätter des Kolonialpolitischen Amtes der Reichsleitung der NSDAP 6 (1941), S. 120–122. Vgl. zu den Hamburger Kolonialwissenschaften im Nationalsozialismus F. Brahm: Wissenschaft und Dekolonisation, S. 50–56; G. Moltmann: Übersee- und Kolonialkunde; K. Linne: Renaissance der Kolonialwissenschaften. Zu den nationalsozialistischen Kolonialplanungen und deren wissenschaftliche Begleitung

entsandten Angehörigen des Heeres, der Luftwaffe, der Polizei, mit juristischen und Forstbeamten, aber auch sonstigen Interessent:innen, die sich am Seminar meldeten oder vom Reichskolonialbund angeworben wurden. Für diese Personengruppen übernahm Dammann die Swahili-Lehre und zeigte sich erfreut über die neuen Aufgaben.[9] Für die interessierte Öffentlichkeit hielt er Vorträge für »Kraft durch Freude« und Vorlesungen zu den »Menschen und Völkern in den deutschen Kolonien Afrikas«, zu deren »Rassen und Sprachen« an der Hamburger Volkshochschule.[10]

Auch auf Reichsebene engagierte sich Dammann für die kolonialwissenschaftlichen Vorbereitungen, die vom Kolonialpolitischen Amt der NSDAP und dem Reichsforschungsrat koordiniert wurden. In der Arbeitsgruppe »Koloniale Sprachforschung« unter der Leitung Westermanns waren Dammann und Meinhof wie auch dessen Nachfolger August Klingenheben und Johannes Lukas vertreten. Sie verhandelten über sprachpolitische Ziele wie die Zusammenfassung einzelner Dialekte zu Schriftsprachen und deren Vereinheitlichung. Wörterbücher wurden in jenen afrikanischen Sprachen geplant, die für ein zukünftiges deutsches Kolonialreich relevant erschienen: allen voran ein »Suaheli-Wörterbuch in großem Stil«.[11] Auf einer eigens einberufenen »Suaheli-Konferenz« im Februar 1942 im Kolonialpolitischen Amt der NSDAP wurden Dammann und Roehl damit beauftragt, an einer neuen, vereinfachten Orthographie des Swahili sowie an der Schaffung neuer Begriffe für Militär und Luftfahrt zu arbeiten. Auch an anderen

allgemein vgl. K. Linne: NS-Kolonialplanungen für Afrika; K. Linne: Nationalsozialistische Kolonialwissenschaften.

9 L. Gerhardt: Das Seminar für Afrikanische Sprachen, S. 830 u. S. 841, FN 10; F. Brahm: Wissenschaft und Dekolonisation, S. 128. Vgl. etwa StA HH, 364-13 Abl. 2002/04-85: I. Westermann an Dammann, 30.10.1940; 11.11.1940; StA HH, 364-13 Abl. 2002/04-86: Klingenheben an Staatsverwaltung der Hansestadt Hamburg, Hochschulwesen, 23.10.1940; Staatsverwaltung der Hansestadt Hamburg, Schul- und Hochschulabteilung, Hochschulwesen an Seminar für Afrikanische Sprachen, 11.12.1940; SHLB Kiel, Cb 179, Kasten 8: Dammann an Klingenheben, Tripolis, 8.4.1938; Dammann an Roehl, Königswinter, 13.4.1938; 16.5.1938; E. Dammann: 70 Jahre erlebte Afrikanistik, S. 81 u. S. 91.

10 StA HH, 364-13 Abl. 2002/04-85: Dammann an Deutsche Arbeitsfront, NS-Gemeinschaft Kraft durch Freude, Hamburg-Harburg, 8.7.1942; SHLB Kiel, Cb 179, Kasten 8: Dammann, Pinneberg, an Hamburger Volkshochschule, 24.6.1938.

11 »Reichsforschungsrat und Kolonialforschung. Die Arbeitstagungen der Fachgruppen«, in: Koloniale Rundschau 32 (1941), S. 245–248, hier S. 245; H. Stoecker: Afrikawissenschaften in Berlin von 1919 bis 1945, S. 253–269, insb. S. 264; K. Linne: NS-Kolonialplanungen für Afrika, S. 134–136.

Projekten im Rahmen der NS-Kolonialwissenschaften beteiligte sich Dammann, darunter das von Westermann herausgegebene »Handbuch der afrikanischen Stämme«.[12]

Nach Ende der Kriegsgefangenschaft und »Entnazifizierung« kehrte Dammann an die Hamburger Universität zurück, wo er 1949 außerplanmäßiger Professor wurde, bevor er 1956 einen Ruf an die Ostberliner Humboldt-Universität als Nachfolger Diedrich Westermanns erhielt. Dammanns Berufung war trotz seiner kolonialen, missionarischen und nationalsozialistischen Vergangenheit von der DDR-Führung politisch gewünscht, da die Ausbildung von Afrika-Expert:innen in Hinblick auf die entstehenden unabhängigen Staaten in Afrika gefördert werden sollte. Mit seinem Verständnis der Afrikanistik geriet er jedoch in massive Konflikte mit der entstehenden sozialistischen antiimperialistischen Afrikawissenschaft, die die Nähe zu den Befreiungsbewegungen suchte und sich kritisch mit der deutschen Kolonialgeschichte auseinandersetzte. Im »Fall Dammann« kam es so zu abenteuerlichen Auseinandersetzungen zwischen Opportunität, persönlichen Rivalitäten und ideologischen Gegensätzen, ausgetragen zwischen Dammann, seinen Mitarbeiter:innen, die ihn für die Stasi bespitzelten, Afrikawissenschaftler:innen in Berlin und Leipzig sowie den verschiedenen SED-Parteiebenen von der Hochschule bis zum Zentralkomitee und dem zuständigen Staatssekretariat. Sie fanden mit Dammanns Weggang 1962 ein Ende, als er einen Lehrstuhl für Religionsgeschichte und Religionsphilosophie an der Universität Marburg übernahm.[13]

In der Bundesrepublik fiel Dammann durch sein Engagement gegen die 68er-Bewegung auf. In diesem Zusammenhang kam es innerhalb der 1969 gegründeten Vereinigung von Afrikanisten in Deutschland zu einer kritischen Auseinandersetzung mit der kolonialen und nationalsozialistischen Vergangenheit der Disziplin. Dagegen wehrte sich Dam-

12 E. Dammann: 70 Jahre erlebte Afrikanistik, S. 87f., S. 92–94, S. 96 u. S. 102; H. Stoecker: Afrikawissenschaften in Berlin von 1919 bis 1945, S. 269.

13 Ulrich van der Heyden: »Ernst Dammann – ein bürgerlicher Wissenschaftler in der sozialistischen DDR«, in: Catherine Griefenow-Mewis (Hg.): Afrikanische Horizonte. Studien zu Sprachen, Kulturen und zur Geschichte, Wiesbaden 2007, S. 29–42; H. Möller: Ernst Dammann (1904–2003), S. 59–62; F. Brahm: Wissenschaft und Dekolonisation, S. 150f. Vgl. zu den Afrikawissenschaften in der DDR: Ulrich van der Heyden: Die Afrikawissenschaften in der DDR. Eine akademische Disziplin zwischen Exotik und Exempel. Eine wissenschaftsgeschichtliche Untersuchung (= Die DDR und die Dritte Welt, Band 5), Münster, Hamburg, London 1999.

mann mit anderen Afrikanisten und verhinderte die Veröffentlichung eines kritischen Texts im ersten Tagungsband der Fachgesellschaft.[14] Ähnliches wiederholte sich in den 1980er und 1990er Jahren im Zuge der Auseinandersetzung mit der nationalsozialistischen Geschichte der Universität Hamburg. Zusammen mit seinem langjährigen Mitarbeiter und Marburger Nachfolger Herrmann Jungraithmayr schrieb Dammann gegen einen kritischen Blick auf die Afrikanistik an.[15]

Die Afrikanistik entstand aus der christlichen Mission und dem kolonialen Herrschaftsanspruch europäischer Staaten. Diese Einflüsse blieben lange wirkmächtig, unterlagen jedoch in den sich ablösenden politischen Systemen Veränderungen. Auch die Möglichkeiten des Faches, praktische Relevanz zu erhalten, wandelten sich über die Jahrzehnte. Wie jede akademische Disziplin ist auch die Afrikanistik in der Pflicht, den ideologischen Einflüssen in ihrer Geschichte nachzuspüren und zu reflektieren, welche Bedeutung diese für die Produktion und Kanonisierung von Wissen haben.

14 F. Brahm: Wissenschaft und Dekolonisation, S. 235–240.

15 E. Dammann: Persönliche Stellungnahme; H. Jungraithmayr: Rezension zu: Meyer-Bahlburg/Wolff: Afrikanische Sprachen. Vgl. zur Aufarbeitung der NS-Vergangenheit an der Universität Hamburg Eckart Krause/Ludwig Huber/Holger Fischer (Hg.): Hochschulalltag im »Dritten Reich«. Die Hamburger Universität 1933–1945, Teil I: Einleitung, Allgemeine Aspekte (= Hamburger Beiträge zur Wissenschaftsgeschichte, Band 3,1), Berlin, Hamburg 1991; Eckart Krause: »Auch der unbequemen Wahrheit verpflichtet. Der lange Weg der Universität Hamburg zu ihrer Geschichte im ›Dritten Reich‹« [1997], in: Anton F. Guhl/Malte Habscheidt/Alexandra Jaeger (Hg.): Gelebte Universitätsgeschichte. Erträge jüngster Forschung. Eckart Krause zum 70. Geburtstag, Berlin, Hamburg 2013, S. 227–259.

7 Quellen- und Literaturverzeichnis

7.1 Quellen

Unveröffentlichte Quellen

Staatsarchiv Hamburg (StA HH)

364-13 Fak./FB der Universität Abl. 2002/04-221: Korrespondenz Ernst Dammann 1933–1937.

364-13 Fak./FB der Universität Abl. 2002/04-85: Korrespondenz Ernst Dammann 1940–1944.

364-13 Fak./FB der Universität Abl. 2002/04-86: Seminarakte Ernst Dammann 1929–1954.

Schleswig-Holsteinische Landesbibliothek Kiel (SHLB Kiel)

Cb 179, Teilnachlass Ernst Dammann.

Periodika

Zeitschrift für Eingeborenen-Sprachen 20 (1929/30) – 35 (1949/50).

Afrika und Übersee. Sprachen, Kulturen 36 (1951/52) – 45 (1961).

Gedruckte Quellen

Abel, Martin: Die arabische Vorlage des Suaheli-Epos Chuo cha Herkal. Textkritische Edition und Übersetzung. Ein Beitrag zur Kenntnis der legendären Maġāzī-Literatur (= Beihefte zur Zeitschrift für Eingeborenen-Sprachen, Band 18), Berlin, Hamburg 1938.

Berger, Paul: Die mit B. -île gebildeten Perfektstämme in den Bantusprachen, Berlin 1938.

Berger, Paul/Kießling, Roland (Hg.): Iraqw Texts (= Archiv afrikanistischer Manuskripte, Band 4), Köln 1998.

Blohm, Wilhelm: Die Nyamwezi, 3 Bde., Hamburg 1931–1933.

Böhme, Franz M. (Hg.): Volksthümliche Lieder der Deutschen im 18. und 19. Jahrhundert, Leipzig 1895.

Büttner, Carl G./Meinhof, Carl: »Chuo cha Herkal. Das Buch von Herkal. Transkribiert und übersetzt von Dr. C. G. Büttner, weiland Lehrer des Suaheli am Seminar für orientalische Sprachen zu Berlin. Herausgegeben von Carl Meinhof«, in: Zeitschrift für Kolonialsprachen 2 (1911), S. 1–36, S. 108–136, S. 194–232 u. S. 261–296.

C. O. B.: »Obituary: Professor Alice Werner«, in: Bulletin of the School of Oriental Studies 8 (1935), S. 281f.

Dammann, Ernst: »Vai-Erzählungen. Aufgezeichnet und übersetzt von Ernst Dammann«, in: Zeitschrift für Eingeborenen-Sprachen 23 (1932/33), S. 254–278.

—: »Vai-Sprichwörter. Aufgezeichnet und erläutert von Ernst Dammann«, in: Zeitschrift für Eingeborenen-Sprachen 24 (1933/34), S. 76–79.

—: »Deutsche Mitarbeit an der Erforschung ostafrikanischer Sprachen«, in: Das Hochland 5 (1934/35), S. 132–136.

—: »Erste Eindrücke von Tanga und Digo«, in: Nachrichten aus der Bethel-Mission 48 (1934), S. 9–13.

—: »Yafanyikayo ulimwenguni« [August], in: Ufalme wa Mungu 8 (1934), S. 64.

—: »Yafanyikayo ulimwenguni« [Juni], in: Ufalme wa Mungu 8 (1934), S. 47f.

—: »Zur Kenntnis des Zaramo«, in: Zeitschrift für Eingeborenen-Sprachen 25 (1934/35), S. 135–147.

—: »Digo-Märchen. Gesammelt und bearbeitet von Ernst Dammann«, in: Zeitschrift für Eingeborenen-Sprachen 26 (1935/36), S. 81–97 u. S. 202–231.

—: »Ein deutsches Suahelidenkmal in Tanga«, in: Afrika-Rundschau 1 (1935/36), S. 338.

—: »Sprachproben aus dem Segedju«, in: Zeitschrift für Eingeborenen-Sprachen 27 (1936/37), S. 223–233.

—: »Bonde-Erzählungen. Gesammelt und bearbeitet von Ernst Dammann«, in: Zeitschrift für Eingeborenen-Sprachen 28 (1937/38), S. 299–318.

—: »Die neue Suaheli-Bibelübersetzung. Ein Zeugnis deutschen Fleißes und deutscher Gelehrsamkeit«, in: Afrika-Rundschau 3 (1937/38), S. 276.

—: »Eindrücke aus Lamu«, in: Afrika-Rundschau 3 (1937/38), S. 248f.

—: »Eine Suaheli-Dichtung über Moses, den Habicht und die Taube«, in: Zeitschrift für Eingeborenen-Sprachen 28 (1937/38), S. 1–14.

—: »Zigula-Märchen. Aufgezeichnet und bearbeitet von Ernst Dammann«, in: Zeitschrift für Eingeborenen-Sprachen 28 (1937/38), S. 139–157.

—: »Erzählungen eines Digo zur Geschichte seines Stammes«, in: Zeitschrift für Eingeborenen-Sprachen 29 (1938/39), S. 293–311.

—: »Sprichwörter der Zigula. Gesammelt und bearbeitet von Ernst Dammann«, in: Zeitschrift für Eingeborenen-Sprachen 29 (1938/39), S. 71–76.

—: »Antideutsche Propaganda in einer Suaheli-Zeitung«, in: Afrika-Rundschau 5 (1939/40), S. 114f.

—: »Ein Suahelivers mit Gallawörtern. Bearbeitet von Ernst Dammann«, in: Zeitschrift für Eingeborenen-Sprachen 30 (1939/40), S. 233f.

—: »Eine Sprachprobe aus der Siu-Mundart des Suaheli«, in: Zeitschrift für Eingeborenen-Sprachen 30 (1939/40), S. 72–77.

—: Dichtungen in der Lamu-Mundart des Suaheli. Gesammelt, herausgegeben und übersetzt von Ernst Dammann (= Abhandlungen aus dem Gebiet der Auslandskunde, Band 51), Hamburg 1940.

—: »Suaheli-Lieder aus Lamu. Gesammelt und bearbeitet von Ernst Dammann«, in: Zeitschrift für Eingeborenen-Sprachen 31 (1940/41), S. 161–188 u. S. 278–287.

—: »Die Dichtung der Suaheli«, in: Koloniale Rundschau 32 (1941), S. 115–123.

—: »Digo-Märchen. Gesammelt und bearbeitet von Ernst Dammann«, in: Zeitschrift für Eingeborenen-Sprachen 32 (1941/42), S. 31–58.

—: »Ein Fluchgedicht auf die Somali in der Siu-Mundart des Suaheli. Bearbeitet von Ernst Dammann«, in: Zeitschrift für Eingeborenen-Sprachen 32 (1941/42), S. 286–300.

—: »Kurzlieder der Suaheli auf Lamu«, in: Zeitschrift für Eingeborenen-Sprachen 33 (1942/43), S. 24–37.

—: »Suaheli-Dichtungen des Scheichs Muhammed bin Abubekr bin Omar Kidjumwa Masihii aus Lamu. Gesammelt und bearbeitet von Ernst Dammann«, in: Studien zur Auslandskunde. Afrika 1 (1942/43), S. 125–196.

—: »Zur Geschichte der Digo«, in: Zeitschrift für Eingeborenen-Sprachen 34 (1943/44), S. 53–69.

—: »Philologische Spielereien der Suaheli in dichterischer Form«, in: Afrika und Übersee 38 (1953/54), S. 135f.

—: »Prosatexte in der Lamu-Mundart des Suaheli. Bearbeitet von Ernst Dammann«, in: Afrika und Übersee 39 (1954/55), S. 65–82.

—: »Die von der Aḥmadiyya herausgegebene Übersetzung des Korans in das Suaheli«, in: Zeitschrift der Deutschen Morgenländischen Gesellschaft 106 (1956), S. 135–144.

—: »Tiergeschichten der Digo«, in: Mitteilungen des Instituts für Orientforschung 6 (1958), S. 406–454.

—: »Die paränetische Suaheli-Dichtung Tabaraka«, in: Mitteilungen des Instituts für Orientforschung 7 (1959/60), S. 411–432.

—: »Rezension zu: Jan Knappert: Het Epos van Heraklios. Een proeve van Swahili poëzie, Leiden 1958«, in: Afrika und Übersee 43 (1959), S. 72f.

—: »Ein Nachtrag zur Geschichte der Digo. Bearbeitet von Ernst Dammann«, in: Afrika und Übersee 44 (1960), S. 37–40.

—: »Schwangerschaft, Geburt und Aufzucht der Kleinkinder bei den Digo«, in: Afrika und Übersee 44 (1960), S. 93–109.

—: »Hamburger Missionswissenschaft«, in: Albert Kolb (Hg.): Hamburger Forschungen in Afrika, Hamburg 1965, S. 181–198.

—: »Persönliche Stellungnahme«, in: Eckart Krause / Ludwig Huber / Holger Fischer (Hg.): Hochschulalltag im »Dritten Reich«. Die Hamburger Universität 1933–1945, Teil II: Philosophische Fakultät, Rechts- und staatswissenschaftliche Fakultät, Berlin, Hamburg 1991, S. 845–850.

—: »Roehl, Karl«, in: Friedrich W. Bautz / Traugott Bautz (Hg.): Biographisch-Bibliographisches Kirchenlexikon, Bd. 8, Herzberg 1994, Sp. 508f.

—: 70 Jahre erlebte Afrikanistik. Ein Beitrag zur Wissenschaftsgeschichte (= Marburger Studien zur Afrika- und Asienkunde, Serie A: Afrika, Band 32), Berlin 1999.

—: »My Work with Muhamadi Kijuma«, in: Gudrun Miehe / Clarissa Vierke (Hg.): Muhamadi Kijuma. Texts from the Dammann Papers and other Collections, Köln 2010, S. 65–68.

Dammann, Ernst / Wohlrab, Paul: Muhamadi au Kristo? (= Barazani, Band 5), Lushoto 1935.

[Dammann, Ernst:] »Yafanyikayo ulimwenguni« [Januar], in: Ufalme wa Mungu 9 (1935), S. 31f.

Klingenheben, August: »Die Aufgaben und Ziele des Seminars für Afrikanische Sprachen der Hansischen Universität«, in: Deutscher Kolonial-Dienst. Ausbildungsblätter des Kolonialpolitischen Amtes der Reichsleitung der NSDAP 6 (1941), S. 120–122.

Knappert, Jan: Het epos van Heraklios. Een proeve van Swahili poëzie. Tekst en vertaling, voozien van inleiding, kritisch comentaar en aantekeningen, Alkmaar 1958.

Meinhof, Carl: Grundriß einer Lautlehre der Bantusprachen nebst Anleitung zur Aufnahme von Bantusprachen (= Abhandlungen für die Kunde des Morgenlandes, Band 11,2), Leipzig 1899.

—: »Warum studiert man primitive Sprachen?«, in: Anthropos 2 (1907), S. 755–760.

—: Die Dichtung der Afrikaner. Hamburgische Vorträge, Berlin 1911.

—: Die Sprachen der Hamiten (nebst einer Beigabe: Hamitische Typen von Felix von Luschan) (= Abhandlungen des Hamburgischen Kolonialinstituts, Band 9), Hamburg 1912.

—: »Alice Werner †« [Nachruf], in: Zeitschrift für Eingeborenen-Sprachen 26 (1935 / 36), S. 1.

—: »Otto Dempwolff« [Nachruf], in: Zeitschrift für Eingeborenen-Sprachen 29 (1938 / 39), S. 81.

—: »Die neue Zeit«, in: Zeitschrift für Eingeborenen-Sprachen 31 (1940 / 41), n. pag.

—: Die Sprache der Suaheli in Deutsch-Ostafrika (= Deutsche Kolonialsprachen, Band 2), Berlin 1940 [1910].

—: Grundzüge einer vergleichenden Grammatik der Bantusprachen, Hamburg 1948 [1906].

Meyer, Emmi: »Etymologische Lautlehre des Nyanja«, in: Zeitschrift für Eingeborenen-Sprachen 27 (1936/37), S. 1–34, S. 129–155 u. S. 184–211.

—: »Mambila-Studie«, in: Zeitschrift für Eingeborenen-Sprachen 30 (1939/40), S. 1–52, S. 117–148 u. S. 210–232.

—: »Märchen in der Balisprache aus dem Grasland von Kamerun«, in: Zeitschrift für Eingeborenen-Sprachen 32 (1941/42), S. 135–160 u. S. 224–236.

Panconcelli-Calzia, Giulio: Geschichtszahlen der Phonetik. Quellenatlas der Phonetik (= Studies in the History of the Language Sciences, Band 16), Amsterdam, Philadelphia 1994 [1940/41].

»Reichsforschungsrat und Kolonialforschung. Die Arbeitstagungen der Fachgruppen«, in: Koloniale Rundschau 32 (1941), S. 245–248.

Roehl, Karl: »Rezension zu: Ernst Dammann: Dichtungen in der Lamu-Mundart des Suaheli, Hamburg 1940«, in: Orientalistische Literaturzeitung 44 (1941), Sp. 372f.

Werner, Alice: »The Story of Miqdad and Mayasa (Hadithi ya Mikidadi na Mayasa)«, in: Zeitschrift für Eingeborenen-Sprachen 21 (1930/31), S. 1–25.

7.2 Literatur

Barth, Boris/Osterhammel, Jürgen (Hg.): Zivilisierungsmissionen. Imperiale Weltverbesserung seit dem 18. Jahrhundert (= Historische Kulturwissenschaft, Band 6), Konstanz 2005.

Becker, Johanna E.: Die Gründung des Deutschen Kolonialinstituts in Hamburg. Zur Vorgeschichte der Hamburgischen Universität. M.A. Universität Hamburg 2005.

Bennett, Brett M./Hodge, Joseph M. (Hg.): Science and Empire. Knowledge and Networks of Science across the British Empire, 1800–1970 (= Britain and the World), Basingstoke 2011.

Brahm, Felix: »Imperialismus und Kolonialismus«, in: Marianne Sommer/Staffan Müller-Wille/Carsten Reinhardt (Hg.): Handbuch Wissenschaftsgeschichte, Stuttgart 2017, S. 287–294.

—: Wissenschaft und Dekolonisation. Paradigmenwechsel und institutioneller Wandel in der akademischen Beschäftigung mit Afrika in Deutschland und Frankreich, 1930–1970 (= Pallas Athene. Beiträge zur Universitäts- und Wissenschaftsgeschichte, Band 33), Stuttgart 2010.

—: »Wissenschaft und Wirtschaft. Zum Verhältnis von Übersee- und Afrikaforschung zur lokalen Wirtschaft in Hamburg und Bordeaux (1900–1975)«, in: Michel Espagne/Pascale Rabault-Feuerhahn/David Simo (Hg.): Afrikanische Deutschland-Studien und deutsche Afrikanistik. Ein Spiegelbild, Würzburg 2014, S. 123–146.

Brahm, Felix / Meissner, Jochen: »›Außereuropa‹ im Spiegel allgemeiner Vorlesungsverzeichnisse. Konjunkturen der humanwissenschaftlichen Beschäftigung mit Afrika und Lateinamerika an ausgewählten Hochschulstandorten, 1925 bis 1960«, in: Matthias Middell / Ulrike Thoms / Frank Uekötter (Hg.): Verräumlichung, Vergleich, Generationalität. Dimensionen der Wissenschaftsgeschichte, Leipzig 2004, S. 70–94.

Bromber, Katrin: »Verdienste von Lehrern und Lektoren des Seminars für Orientalische Sprachen zu Berlin im Schaffen und Bewahren von Swahili-Wortkunst«, in: Flora Veit-Wild (Hg.): Nicht nur Mythen und Märchen. Afrika-Literaturwissenschaft als Herausforderung, Trier 2003, S. 34–57.

—: »German Colonial Administrators, Swahili Lecturers and the Promotion of Swahili at the Seminar für Orientalische Sprachen in Berlin«, in: Sudanic Africa 15 (2004), S. 39–54.

Chaudhuri, Amit: »The Real Meaning of Rhodes Must Fall«, in: The Guardian, 16.3.2016, https://www.theguardian.com / uk-news / 2016 / mar / 16 / the-real-meaning-of-rhodes-must-fall.

Conrad, Sebastian / Randeria, Shalini / Römhild, Regina (Hg.): Jenseits des Eurozentrismus. Postkoloniale Perspektiven in den Geschichts- und Kulturwissenschaften, Frankfurt am Main, New York 2013.

Eckert, Andreas (Hg.): Universitäten und Kolonialismus (= Jahrbuch für Universitätsgeschichte, Band 7), Stuttgart 2004.

—: »Afrikanische Sprachen und Afrikanistik«, in: Heinz-Elmar Tenorth (Hg.): Geschichte der Universität Unter den Linden 1810–2010, Bd. 5: Transformation der Wissensordnung, Berlin 2010, S. 535–546.

Fischer-Tiné, Harald: Pidgin-Knowledge. Wissen und Kolonialismus (= Perspektiven der Wissensgeschichte), Zürich, Berlin 2013.

Frankl, P. J. L.: »Werner, Alice«, in: H. C. G. Matthew / Brian Harrison (Hg.): Oxford Dictionary of National Biography. From the Earliest Times to the Year 2000, Bd. 58, Oxford 2004, S. 168f.

Friedrich, Michael: »Zurück ins Herz der Stadt? Die Hamburger Asien- und Afrikawissenschaften«, in: Jürgen Lüthje (Hg.): Universität im Herzen der Stadt. Eine Festschrift für Dr. Hannelore und Prof. Dr. Helmut Greve, Hamburg 2002, S. 170–179.

Gerhardt, Ludwig: »Das Seminar für Afrikanische Sprachen«, in: Eckart Krause / Ludwig Huber / Holger Fischer (Hg.): Hochschulalltag im »Dritten Reich«. Die Hamburger Universität 1933–1945, Teil II: Philosophische Fakultät, Rechts- und staatswissenschaftliche Fakultät, Berlin, Hamburg 1991, S. 827–843.

—: »Ernst Dammann. 6. Mai 1904 – 12. Juli 2003« [Nachruf], in: Afrika und Übersee 85 (2002), S. 1–5.

Gerhardt, Ludwig / Kießling, Roland / Reh, Mechthild: »Zur Geschichte der Abteilung für Afrikanistik und Äthiopistik«, in: Ludwig Paul (Hg.): Vom Kolonialinstitut zum Asien-Afrika-Institut. 100 Jahre Asien- und Afrikawissenschaften in Hamburg, Gossenberg 2008, S. 163–192.

Groschek, Iris / Hering, Rainer: Fatima und Richard. Ein Paar zwischen Deutschland und Afrika (1929–1943), Sulzbach / Taunus 2017.

Günther, Falk-Thoralf: Afrika- und Lateinamerikaforschung in Deutschland zwischen Kaiserreich und Drittem Reich (= Historische Studien, Band 2), Leipzig 2008.

Habermas, Rebekka (Hg.): Universität und Kolonialismus. Das Beispiel Göttingen, https://www.goettingenkolonial.uni-goettingen.de.

Habermas, Rebekka / Przyrembel, Alexandra (Hg.): Von Käfern, Märkten und Menschen. Kolonialismus und Wissen in der Moderne, Göttingen 2013.

Heé, Nadin: Imperiales Wissen und koloniale Gewalt. Japans Herrschaft in Taiwan 1895–1945 (= Globalgeschichte, Band 11), Frankfurt am Main, New York 2012.

—: »Postkoloniale Ansätze«, in: Marianne Sommer / Staffan Müller-Wille / Carsten Reinhardt (Hg.): Handbuch Wissenschaftsgeschichte, Stuttgart 2017, S. 80–92.

Hering, Rainer: Theologische Wissenschaft und »Drittes Reich«. Studien zur Hamburger Wissenschafts- und Kirchengeschichte im 20. Jahrhundert (= Geschichtswissenschaft, Band 20), Pfaffenweiler 1990.

—: »Meinhof, Carl Friedrich Michael«, in: Friedrich W. Bautz / Traugott Bautz (Hg.): Biographisch-Bibliographisches Kirchenlexikon, Bd. 17: Ergänzungen IV, Herzberg 2000, Sp. 921–960.

—: »Dammann, Ernst Karl Alwin Hans«, in: Friedrich W. Bautz / Traugott Bautz (Hg.): Biographisch-Bibliographisches Kirchenlexikon, Bd. 28: Ergänzungen XV, Nordhausen 2007, Sp. 353–392.

—: »Dempwolff, Otto Heinrich August Louis«, in: Franklin Kopitzsch / Dirk Brietzke (Hg.): Hamburgische Biografie. Personenlexikon, Bd. 7, Göttingen 2019, S. 65f.

Hirji, Zulfikar: Between Empires. Sheikh-Sir Mbarak al-Hinawy 1896–1959, London 2012.

Jungraithmayr, Herrmann: »Rezension zu: Hilke Meyer-Bahlburg / H. Ekkehard Wolff: Afrikanische Sprachen in Forschung und Lehre. 75 Jahre Afrikanistik in Hamburg (1909–1984), Berlin, Hamburg 1986«, in: Zeitschrift der Deutschen Morgenländischen Gesellschaft 139 (1989), S. 269f.

—: »Ernst Dammann (1904–2003)« [Nachruf], in: Zeitschrift der Deutschen Morgenländischen Gesellschaft 157 (2007), S. 1–6.

Kallaway, Peter: »Diedrich Westermann and the Ambiguities of Colonial Science in the Inter-War Era«, in: The Journal of Imperial and Commonwealth History 45 (2017), S. 871–893.

Kalthoff, Horst: »Klingenheben-von Tiling, Maria«, in: Friedrich W. Bautz / Traugott Bautz (Hg.): Biographisch-Bibliographisches Kirchenlexikon: Bd. 26: Ergänzungen XIII, Nordhausen 2006, Sp. 774–776.

Kerner, Ina: Postkoloniale Theorien zur Einführung, Hamburg 2017.

Kießling, Roland: »Western Europe. African Linguistics and the Colonial Project«, in: H. Ekkehard Wolff (Hg.): A History of African Linguistics, Cambridge 2019, S. 21–45.

—: »Ein ganzer Kontinent mit über 1.500 Sprachen. Zu 110 Jahren Afrikanistik in Hamburg«, in: Rainer Nicolaysen / Eckart Krause / Gunnar B. Zimmermann (Hg.): 100 Jahre Universität Hamburg. Studien zur Hamburger Universitäts- und Wissenschaftsgeschichte in vier Bänden, Bd. 2: Geisteswissenschaften, Theologie, Psychologie, Göttingen 2021, S. 431–453.

Krause, Eckart: »Auch der unbequemen Wahrheit verpflichtet. Der lange Weg der Universität Hamburg zu ihrer Geschichte im ›Dritten Reich‹« [1997], in: Anton F. Guhl / Malte Habscheidt / Alexandra Jaeger (Hg.): Gelebte Universitätsgeschichte. Erträge jüngster Forschung. Eckart Krause zum 70. Geburtstag, Berlin, Hamburg 2013, S. 227–259.

Krause, Eckart / Huber, Ludwig / Fischer, Holger (Hg.): Hochschulalltag im »Dritten Reich«. Die Hamburger Universität 1933–1945, Teil I: Einleitung, Allgemeine Aspekte (= Hamburger Beiträge zur Wissenschaftsgeschichte, Band 3,1), Berlin, Hamburg 1991.

Linne, Karsten: »Die Renaissance der Kolonialwissenschaften in Hamburg während der NS-Zeit«, in: Zeitschrift des Vereins für Hamburgische Geschichte 90 (2004), S. 135–160.

—: »›Arbeit für unsere koloniale Zukunft‹ – die nationalsozialistischen Kolonialwissenschaften«, in: Österreichische Zeitschrift für Geschichtswissenschaften 17 (2006), S. 91–113.

—: Deutschland jenseits des Äquators. Die NS-Kolonialplanungen für Afrika (= Schlaglichter der Kolonialgeschichte, Band 8), Berlin 2008.

Lukas, Johannes / Mitarbeiter: »Afrikanische Sprachen und Kulturen. Der Hamburger Beitrag zu ihrer Erforschung«, in: Albert Kolb (Hg.): Hamburger Forschungen in Afrika, Hamburg 1965, S. 149–179.

Lusekelo, Amani: »African Linguistics in Eastern Africa«, in: H. Ekkehard Wolff (Hg.): A History of African Linguistics, Cambridge 2019, S. 133–152.

Menzel, Gustav: Die Bethel-Mission. Aus 100 Jahren Missionsgeschichte, Neukirchen-Vluyn 1986.

Meyer-Bahlburg, Hilke / Wolff, H. Ekkehard: Afrikanische Sprachen in Forschung und Lehre. 75 Jahre Afrikanistik in Hamburg (1909–1984) (= Hamburger Beiträge zur Wissenschaftsgeschichte, Band 1), Berlin, Hamburg 1986.

Miehe, Gudrun: »Ernst Dammann zum 90. Geburtstag«, in: Afrika und Übersee 77 (1994), S. 1–4.

—: »Forschungsgeschichtliche Einleitung«, in: Gudrun Miehe / Wilhelm J. G. Möhlig (Hg.): Swahili-Handbuch, Köln 1995, S. 9–23.

—: »Stilistische Merkmale der Swahili-Versdichtung«, in: Gudrun Miehe / Wilhelm J. G. Möhlig (Hg.): Swahili-Handbuch, Köln 1995, S. 279–321.

—: »Ernst Dammann« [Nachruf], in: Orientalistische Literaturzeitung 99 (2004), S. 141.

—: »Preserving Classical Swahili Poetic Tradition. A Concise History of Research up to the First Half of the 20th Century«, in: Gudrun Miehe / Clarissa Vierke (Hg.): Muhamadi Kijuma. Texts from the Dammann Papers and other Collections, Köln 2010, S. 18–40.

Miehe, Gudrun / Vierke, Clarissa (Hg.): Muhamadi Kijuma. Texts from the Dammann Papers and other Collections (= Archiv afrikanistischer Manuskripte, Band 9), Köln 2010.

Möller, Harald: »Ernst Dammann (1904–2003) – eine politische Biographie«, in: Jahrbuch für den Kreis Pinneberg 38 (2005), S. 53–68.

Moltmann, Günter: »Die »Übersee- und Kolonialkunde« als besondere Aufgabe der Universität«, in: Eckart Krause / Ludwig Huber / Holger Fischer (Hg.): Hochschulalltag im »Dritten Reich«. Die Hamburger Universität 1933–1945, Teil I: Einleitung, Allgemeine Aspekte, Berlin, Hamburg 1991, S. 149–178.

Pawliková-Vilhanová, Viera: »Biblical Translations of Early Missionaries in East and Central Africa. I. Translations into Swahili«, in: Asian and African Studies 15 (2006), S. 80–89.

Pugach, Sara: Africa in Translation. A History of Colonial Linguistics in Germany and Beyond, 1814–1945 (= Social History, Popular Culture, and Politics in Germany), Ann Arbor 2012.

Roque, Ricardo / Wagner, Kim A. (Hg.): Engaging Colonial Knowledge. Reading European Archives in World History (= Cambridge Imperial and Post-Colonial Studies Series), Basingstoke, New York 2012.

Ruppenthal, Jens: Kolonialismus als »Wissenschaft und Technik«. Das Hamburgische Kolonialinstitut 1908 bis 1919 (= Historische Mitteilungen der Ranke-Gesellschaft, Band 66), Stuttgart 2007.

—: »Kolonialpolitik der Metropolen? Berlin und Hamburg im Kampf um koloniale Kompetenz«, in: Historische Mitteilungen der Ranke-Gesellschaft 20 (2007), S. 140–173.

Said, Edward W.: Orientalism, New York 1979 [1978].

Schulte-Varendorff, Uwe: Kolonialheld für Kaiser und Führer. General Lettow-Vorbeck. Mythos und Wirklichkeit (= Schlaglichter der Kolonialgeschichte, Band 5), Berlin 2006.

Stoecker, Holger: »Afrikanistische Lehre und Forschung in Berlin 1919–1945«, in: Jahrbuch für Universitätsgeschichte 7 (2004), S. 101–128.

—: Afrikawissenschaften in Berlin von 1919 bis 1945. Zur Geschichte und Topographie eines wissenschaftlichen Netzwerkes (= Pallas Athene. Beiträge zur Universitäts- und Wissenschaftsgeschichte, Band 25), Stuttgart 2008.

—: »Afrikanistik in Deutschland«, in: Rebekka Habermas / Alexandra Przyrembel (Hg.): Von Käfern, Märkten und Menschen. Kolonialismus und Wissen in der Moderne, Göttingen 2013, S. 175–185.

—: »Afrika als DFG-Projekt. Die staatliche Förderung der deutschen Afrikaforschung durch die Deutsche Forschungsgemeinschaft, 1920–1970«, in: Michel Espagne / Pascale Rabault-Feuerhahn / David Simo (Hg.): Afrikanische Deutschland-Studien und deutsche Afrikanistik. Ein Spiegelbild, Würzburg 2014, S. 147–166.

Stoler, Ann L./Cooper, Frederick: »Between Metropole and Colony. Rethinking a Research Agenda«, in: Ann L. Stoler / Frederick Cooper (Hg.): Tensions of Empire. Colonial Cultures in a Bourgeois World, Berkeley, Los Angeles, London 1997, S. 1–56.

Strohm, Christoph: Die Kirchen im Dritten Reich, München 2020.

Tiletschke, Frigga: »Afrika müssen wir auch haben!« Die Bethel-Mission in Ostafrika 1885–1970, Diss. Universität Bielefeld 2017.

Treutler, Helen-Kathrin: Christliches Missionsverständnis und nationalsozialistische Weltanschauung. Die Bethel-Mission zwischen 1933 und 1945 (= Beiträge zur westfälischen Kirchengeschichte, Band 45), Bielefeld 2017.

van der Heyden, Ulrich: Die Afrikawissenschaften in der DDR. Eine akademische Disziplin zwischen Exotik und Exempel. Eine wissenschaftsgeschichtliche Untersuchung (= Die DDR und die Dritte Welt, Band 5), Münster, Hamburg, London 1999.

—: »Ernst Dammann – ein bürgerlicher Wissenschaftler in der sozialistischen DDR«, in: Catherine Griefenow-Mewis (Hg.): Afrikanische Horizonte. Studien zu Sprachen, Kulturen und zur Geschichte, Wiesbaden 2007, S. 29–42.

Vierke, Clarissa: »Between the Lines. Life and Work of the Lamuan Artist and Cultural Broker Muhamadi Kijuma«, in: Gudrun Miehe / Clarissa Vierke (Hg.): Muhamadi Kijuma. Texts from the Dammann Papers and other Collections, Köln 2010, S. 41–62.

—: »Zur Forschungsgeschichte der deutschen Afrikanistik, ihre Anfänge und Ausrichtung, am Beispiel der Swahili-Forschung«, in: Michel Espagne / Pascale Rabault-Feuerhahn / David Simo (Hg.): Afrikanische Deutschland-Studien und deutsche Afrikanistik. Ein Spiegelbild, Würzburg 2014, S. 73–92.

Wolff, H. Ekkehard: Was ist eigentlich Afrikanistik? Eine kleine Einführung in die Welt der afrikanischen Sprachen, ihre Rolle in Kultur und Gesellschaft und ihre Literaturen. Unter Mitarbeit von Ari Awagana und Marion Feuerstein (= Sprache – Kultur – Gesellschaft, Band 13), Frankfurt am Main 2013.

Wolff, H. Ekkehard (Hg.): A History of African Linguistics, Cambridge 2019.

Zimmerer, Jürgen: »Geld, Geist und Wissenschaft. Die kolonialen Fundamente der Hamburger Universität«, in: Rainer Nicolaysen / Eckart Krause / Gunnar B. Zimmermann (Hg.): 100 Jahre Universität Hamburg. Studien zur Hamburger Universitäts- und Wissenschaftsgeschichte in vier Bänden, Bd. 1: Allgemeine Aspekte und Entwicklungen, Göttingen 2020, S. 33–55.